若き友への人生論

森信三

Life lessons for youth

致知出版社

若き友への人生論

序

この書は、もっぱら啓発を主とするわたくし自身の人生論講話である。随っていわゆる哲学的な人生論ではなくて、何人《なんぴと》にも分《わか》りやすい形態で、人生のあらましについて、その概観を試みようとしたものである。

わたくしとしては、「人生論」というコトバを正面に掲げた書物としては、これが初めてであるが、しかしわたくしの教育に関する書物の大部分は、少数の理論書をのぞいては、いずれも教師を対象とした一種の人生論といってよいかと思うのである。

それ故今さらこのような書物を書く必要はないともいえようが、しかし終《しゅう》生《せい》「人間の生き方」を求めてきた身としては、一冊くらいは、直接教師を対象としない一般的な「人生論」があっても良かろうと思って、書く気になったわけである。

この書についていては、別にこれといって取り立てるというほどのこともないが、ただ「人生論講話」とはいっても、抽象的な本質論を主としないで、副題にもかかげたように、主として「人間の一生」に即して、人生を通観してみようとした点が、多少のねらいといえばいえるであろう。というのも、その方が、考察が具体的実際的になると共に、さらに現在自分の置かれている位相《いそう》が、人間の一生の上から見て、いかなる段階にあるかを知ることが、われわれ人間にとっては、もっとも貴重な知恵と考えるが故に外ならない。

最後に、一言するとすれば、もし読者諸氏のうちにわたくしの人生観の哲学的論究を求めるような人があったとしたら、そういう人には拙著「人論的世界」をひもとかれることをお奨めしたいと思う。

若き友への人生論＊目次

装幀――川上成夫
本文レイアウト――奈良有望

第一講　地上最大の奇蹟

人類誕生という奇蹟

「人生論」の一種として、ここに「人間の一生」を副題とする考察を始めるにあたり、最初にもっとも重要な根本問題として考えられるのは、そもそもわれわれ人類が、この地球上に出現したということ自体が、他のすべてに先き立って、地上最大の驚異であり、まさに「奇蹟」というべきだということへの認識というべきであろう。

それというのも、われわれ人類が、この地球上に出現してからでも、すでに五十万年ほど「時」が経過しているといわれるが、いわんやその母胎ともいうべきこの地球そのものの生成が、はたしていかほど遙遠《ようえん》なる「時」の経過を閲《えっ》したかは、ほとんどわれわれの想像を絶するものがあるといってよいであろう。

そのはじめ渾沌《こんとん》とした超高温度の星雲《せいうん》状態にあった地球が、その高熱の放散と共にしだいに冷却して、やがて一ケの巨大なる球体を形成したとき、現在の地球の最原初の状態はスタートしたといってよいであろうが、かかる荒《こう》漠《ばく》たる地表の上に、一ケの単細胞的形態の生命が出現するに到るまでに要した時間を考えるだけでも、そこには如何に遙遠なる時の経過が必要だったであろうか。

いわんや、かかる単細胞生命の無限分裂によって、しだいに生物の進化発展を見るに至った経過については、現在ではいわゆる「進化論」と称せられる学問によって、その概要を如実に知ることができるわけである。だが、そのような生物進化の果てにおいて、人類が出現したということは、これを深思する時、それはわれわれにとっては、一つの絶大なる驚異というべきであろう。

同時にわたくしの考えによれば、真の人生論に関する考察は、何よりも先ずこのような驚異に出発し、これを踏まえて立つものでなければならぬと思うのである。それというのも、この地球面上に、生命をもつ物体としての「生物」が出現したということ自体が、すでに一大驚異であり、さらには「奇蹟」といってもよい事といえるからである。実さい文字通り無量の天体の中において、はたして生物の住んでいる天体があるか否かについては、今日なお不明の事に属しているようであるが、いわんやそこに生物進化の一おうの極限として、人類をも創生したということは、他の無量の天体について見ても、ほとんど推定を不可能とするといってよいからである。

されぱこの地球という一小天体の上に、われわれ人類という特殊の生物が出現するに要した「時」の遙遠なることはいうまでもないが、これはさらに空間的に考えても、われわれ人類のように高度に発達した生物の住んでいる天体は、この無限なる宇宙に存在する無量の天体中――少なくとも今日までのところ――その存在が確認せられていないということについて、今日あらためてその意義が深省せられるべきだと思うのである。

無限なる知性の光芒

では何故われわれ人類のこの地上への出現は、それほどまでに重大な意義を有するのであろうか。

それは他でもない。われわれ人類は、その外形からは、依然として一種の生物でありながら、しかも、それは自己を認識すると共に、自己以外の万象の認識をも可能とする特有なる威力としての「知性」の保持者だからに外《ほか》ならない。

即ちわれわれ人間は、この地上に生存する自己以外の同類である他の人間について知ることができるのみか、広くこの地球の上に棲息《せいそく》する無量の生物についても知悉《ちしつ》しているのであり、それは今や自然科学の発達と共に、その単位細胞の組織構造からそれらの作用に至るまで、その科学的考察は精微《せいび》をきわめているのである。そしてそれは最近の電子顕微鏡の出現によって、さらに飛躍的に驚歎《きょうたん》すべき大自然の秘奥は明らかにせられようとしているのである。

しかもこのような考察は、今やひとりこの地球の表面上に棲息している生物のみに留まらないで、深海に棲《す》むいわゆる深海魚等にも及ぶばかりか、われわれの科学的考察は、人類の出現の直接的母胎ともいうべきこの地球の構造自体までも、ある程度明らかにせられつつあるといってよいのである。しかもこのような事柄は、もしこの地上に、われわれ人類が出現しなかったとしたら、如何《いか》にしてその可能が信ぜられるであろうか。

否、われわれ人類に賦与《ふよ》せられている「知性」の威力は、このように、ひとりわれわれ人類の母胎としての地球自体を照らすのみならず、その無限なる知性の光芒《こうぼう》は、この無辺際《むへんさい》なる大宇宙の包蔵《ほうぞう》している無量の天体についても、ある程度知ることができるのである。

天文学上といわれる幾億光年というが如き時間が、いったい如何なるものであるかについては、われわれはそれを、知性の尺度によっては、一おうの理解を可能とするとしても、いざそれを実感的に把握するとなったら、それはわれわれ人間の可能とする処ではないといわねばなるまい。それはわれわれ被造物としての人間には到底許されない限界の彼岸というべきであろう。だが、それにしても、われわれ人間にとっては、とにかくにこのような知性をもってこの地上に出現したということ自体が、絶大なる奇蹟であってひとたびそれに想い到る時我々は衷心《ちゅうしん》から驚異の念を抱かずにはいられないのである。

それにしてもこの様な「奇蹟」は、一たい如何にして可能だったたといえるであろうか。しかもそれは畢竟《ひっきょう》するに、ついに絶対の不可思議底という外ないであろう。何となれば、われわれ被造物には「能造者」の創造の真意を知悉することは、到底許されぬことであって、それはさらに他の角度からいえば、ひっきょうするに存在自体の次元の無限の相違に起因するという外ないであろう。

自己省察の叡知をはたらかせて生きているか

　ここに到って、今やわれわれにとって、改めて明らかになったことは、われわれ人類は、自己以外の事象に関しては、まことに驚歎すべきほどの絶大なる知性の威力を駆使して、その光芒は極大極小にも到りうるが、しかもひとたびそれが自己自身の身上となるや、人はあたかも、自分の顔の見えないように、その知るところ、甚《はなは》だ不十分だということである。そしてそこにこそ実はわれわれ人間存在の所生《しょせい》存在としての有限性があるというべきであろう。

　まことに人間は、創られ生み出されたる存在であって、自らの力によってこの地上の「生」を獲得した存在ではないのである、われわれしかもこの根本的な事実を、はたして如何ほどの人々が、つねに把握しているといえるであろうか。なるほどそれは宗教書を読み、ないしはその種の教説に接している当座は、この点について考えないでもないであろう。

だが、その当座しばしがほどを過ぎれば、われわれの多くは、それを忘却して、各自がその日常的「生」の間に埋没《まいぼつ》して、自ら進んで、かような自己省察の叡知《えいち》をはたらかせようとはしないのが常である。だがわれわれ人間は、そのように、単に他から聞かされ知らされた時にしか、これを考えないというのでは、それは単なる受働知に過ぎず、随ってかような受働知はわれわれの現実生活を率いる原理となり、力となることは不可能という外ないであろう。

かくしてわれわれ人間は、わが身がこの地上的「生」を恵まれたことに対して、その不可思議さを、ふかくその根源にまでさかのぼって考えるべきではないかと思うのである。同時に又それは、やがてわれわれ自身の生きる力を強めかつ増大するゆえんともなるであろう。

何となれば、そのようにわれわれが、自らの存在自体に対して驚異の念を抱き、その不可思議性に驚異するということは、実はわれわれ人間が、自己の「生」の絶対的根源に返照して、そこに「生」の根本的源泉を汲《く》むゆえんに他ならぬからである。実さい自己の「生」のよって来《きた》った根源に対して、全然無自覚に、その日々が日常的生の間に埋没している人々に、どうして「生」の充実がありうるであろうか。その不可能はいうまでもないにも拘《かかわ》らず、しかも如何に多くの人々が、かかる無自覚的な状態のうちに、この短い地上的「生」を終えることであろう。

かくしてわれわれにとって最も重大な問題は、何よりもまずわれわれ自身が、一人の人間として、この地上的「生」を恵まれたことについて、その意義を探求するのいいでなくてはならぬであろう。同時に、かく考えるが故にこそわたくしは、ここに以下の論述を始めようと思うのである。

第二講　人生二度なし

果なくも無限の可能性を持つ「生」

前講では、この無辺際なる大宇宙の間において、そのうちのいわば一つの極微天体ともいうべきこの地球の表面に、初めて生命体が発生して以来、無窮の「時」を経過して、ついにわれわれ人類の出現を見るに至ったことが、如何に驚異に値《あた》いする出来事かということであって、それはひとりこの地球上における最大の「奇蹟」であるばかりか、おそらくは、この無辺際なる大宇宙においても、最大の奇蹟ともいえる出来事だといってよいとの旨を述べたわけである。

だが、ひとたび眼をひるがえせば、そのような絶大な「奇蹟」として出現したわれわれ人類のこの地上的「生」も、それがいかに果《はか》ない短生涯かということは、まさに第二の不可思議事といってよいであろう。

実際この地球上に、はじめて生命が出現してから数えたら、四十億年にもなるといわれるが、かりに人類が発生して以来の年数を数えても、すでに五十万年前後は経過しただろうというのに、われわれ人間のこの地上の生命は、せいぜい百年までと言ってよいのである。なるほどわが国にも、百歳以上の長寿者がいないわけではない。またロシアのある地方には、百歳以上の老人のかなり存在している地域もあるとのことである。だがそれらは要するに、いわゆる例外的な事例であって、それによってわれわれ人間の、この地上の「生」の短さを否定しうるものでないことはいうまでもない。

では何故わたくしは前講において、いわゆる科学的知識という立場からは、今日ではすでに全く常識ともいうべき自明の真理について、あのような力説を敢《あ》えてしたのであろうか。

それはわたくしとしては、われわれのこの地上の生命が、いかに果なくも短いものであるかということを、改めて認識すると同時に、そのような果ない短い「生」をこの地上に生み出すために、大自然は、いかに遙遠なる努力をしてきたかということに対して、われわれは改めて根本的な認識を要すると考えるが故に外ならない。即ちこの地上におけるわれわれの「生」は、せいぜい百年以内に過ぎないにも拘らず、その為《た》めに準備せられた大自然の営みは実に無窮の太古遙遠な時代に発しているという事実である。

ではこのような事象に対する認識は、何故そのように重大だというのであろうか。

それは外でもない。このように、われわれの地上的「生」が、大宇宙の立場からこれを考える時、いかに稀《まれ》にしてかつ貴重なものかということの故である。げんにこのような巨視的大観の立場から考える時、われわれのこの地上の生命は、その果なきこと、あたかも闇夜における一瞬の閃光にも比すべきものであろう。だがそれにも拘らずその閃光は、ある意味では大宇宙の秘《ひ》奥《おう》を照らす可能性をもつ唯一の叡知光といってよいのである。

我々はどこからきたのだろうか

これまで述べた処にも、すでに含意《がんい》せられている事柄ではあるが、われわれのこの地上の生命の出現に至るまでには、かりに地球自身の成立にまで遡って考えてみても——厳密に考えたら、それだけでは決して十分とは言い難いといわねばなるまいが、今はそこまでは言わぬとしても——まことに百数十億年という悠久無限の「時」の経過をへて、はじめてこの地上に出現したわけであるが、しかも問題は、そのような悠久なる「時」の経過を通して、ようやくにして到達したわれわれのこの地上的生命は、少《すくな》くもわれわれ自身の個人的生命について考える限り、前述のように一おう長くても百年以内の短生涯といってよいのであって、もしひと度その期限が切れたとしたら、われわれのこの「生」の地上の生命は尽きて、尽未来際《じんみらいさい》、この地上には出現しえないのである。

先きにわたくしが、われわれのこの地上的の果なさを、闇夜に閃めく一瞬の閃光にもたとえたのは、比喩としては、必ずしも適切ではないかとも思うが、しかしその無限なる過去から、悠久なる未来にかけての間において、二度と繰り返えし得ない短生涯たる点については、これを一瞬の閃光に比したとしても、必らずしも当らぬわけではないであろう。

ただ問題は、そうした一瞬ともいうべきこの地上的「生」の閃光の前後が、単に闇として考うべきであるか否かに至っては、実に重大な点というべきであろう。

ではこの点について、人々は一たい如何に考えているであろうか。

しかるに人々の多くは、意外にも自己の生命の出現については、とくにその因由《いんゆう》については、さきで深くは考えていないかのようである。そしてそれは、多くの場合、単に両親から生まれたものとのみ考えている程度といってよいであろう。なるほどそれは、外観的現象的には、一おうそれでも事足りるともいえるであろう。

だが一歩を進めて、そのようにわれわれを生む父母自身も、実はその父母たる祖父母からの所生存在に過ぎず、しかもかかる生命の系列は、無窮に溯《さかのぼ》りうることに想到《そうとう》する時、われわれはわが身を、単に父母の所生と考えることの如何に膚浅《ふせん》な考えでしかないことを思い知らされるであろう。

だが、かりに自然科学的な立場にたって、進化論的にさかのぼって考えたとしても、そのような無窮なる生命の進化の大流の内面をつらぬいて自らを展開する宇宙的「生」の淵源《えんげん》にまで溯って、そこに自己のこの有限的「生」の絶対的根源に承当《じょうとう》し、これに対して帰敬礼拝《ききょうらいはい》する人は、特殊の宗教的信をもつ人でなければ、まずは少ないといってよいであろう。

しかもそのような人々といえども、かかる絶対的生の展開が、客観的には、いわゆる進化論の教えるような客観的事象をつらぬいて行われることに対しては、多くはこれを回避し、ないしは忌避《きひ》するのが常といってよく、同時にかような処に、いわゆる「宗教的」立場のもつ脆弱性《ぜいじゃく》の一面の免れえないものがあるともいえるであろう。

死して後、我々はどこにいくのか

かくして人々が普通に問題とするのは多くは生命の出現以前の問題ではなくして、死後の問題だといってよいであろう。それも又ムリからぬものがあるというのは、われわれは自らの生命の問題自体が、実はいずれも無意識のうちに行われるのであって、いかなる英雄哲人といえども、自らの生誕自体を自知して生まれる者はないが、ひと度それが、わが「生」の終焉《しゅうえん》としての「死」ということになれば、なるほど厳密には、「死」の瞬間を自覚的に把握することは容易ではないとしても、少なくともわが「生」の断滅としての「死」の瞬間の迫り来ることに対しては、われわれ人間は、ふかき恐怖の念を抱かずにはいられないのである。否、ひとりそれのみならずわれわれは、死後何処にゆくかということさえも問題とせずにはいられないのである。

もっともこのような、われわれの死後の「生」いかにという問題については、人により、それぞれ見解を異にするといってよいであろう。そしてこの種の問題については、もっともよく通じているはずともいえる宗教そのものの領域においてすら、その見解は必らずしも等しくはないといえるであろう。即ちある立場では、われわれは死後再びこの地上に甦《よみがえ》ると力説するかと思えば、それは否定するが、人間は死後彼岸の世界においても、その努力精進を続けるといい、そしてそれは、今生において努力精進した人々にのみ可能であると説くのであり、また浄土教のごときは、われわれの魂は、死後彼岸としての浄土に安らぐと説くようである。

ではわたくし自身は、この問題に対して、一体いかに考えているかというに、わたくしの考えによれば、人間が死して後ゆくべき世界は、いわば「生前の世界」ともいうべく、それを「天国」というか「極楽」というか、はたまた「高天原」と名づけるかは、それぞれの宗教によって異るとしても、いずれも、われわれのこの有限なる地上的生の絶対根源を為すものでなければなるまい。

けだしわれわれ人間存在は、すでに述べてきたように、宇宙の根源的生命の極微的な顕現として、この地上的「生」を与えられたのであり、随ってわれわれ人間存在は、かくして与えられたこの地上の「生」をできるだけ意義あるように充実して生きねばならぬわけである。けだしわれわれがこの地上的「生」を与えられたということは、そこにはそれだけの意義と使命とがあるはずであって、それが如何なることであるかを極めることこそ、われわれ人間にとっては、最大の任務であると共に、それは又われわれ人間における最深の叡知といってよいであろう。

二度と繰り返し得ない「生」

同時にここに、古来無量の人々によって、すべて「われら如何に生きるべきか」という根源的な問いが発せられてきたゆえんであり、同時にあらゆる宗教は、根本的には、すべてこの問いに答えるために出発したともいえるであろう。そしてわたくしのこのささやかな講話も、畢竟するにほぼ同様の問いに答えることを意図するものといってよいであろう。

だが、この書は、普通に宗教書といわれているものと異なるのは、以上の問いに答えるのに、単に本質論の立場から、抽象的に答えるだけに止どまらないで、その実現を、「人間の一生」という人生の現実の歴程を通して具体的に考察してみたいと思うのである。

それにしても、この際わたくしの力説したいのは、われわれのこの地上の「生」は、以上考察したように、遙遠極まりなき過去から、無窮なる未来にむかって展開する無限なる宇宙的生命の一瞬的な閃光に過ぎないわけであるが、それにも拘らずわれわれの人知は、自らの「生」の来処についても、はた又死して後ゆくべき世界についても、何らこれを対象的には把握しえないのであって、わずかに全我を捧げてその秘奥の一端に触れうるのみだといってよい。

かくしてわれわれ人間にとって、現実的な確実性をもつのは、わずかにこの限られた地上に、九十年の「生」でしかないわけであり、しかもそれは、わたくしの信ずるところによれば、二度と繰り返えし得ないものといわねばならぬ。さればわれわれ人間にとって確実な真理は、このわれわれの地上的「生」が、二度と再び繰り返えし得ないことを確認しつつ、その最善の努力を怠らぬということであろう。即ちわれわれ人間に許されていることは、この八、九十年に過ぎない地上の「生」を、いかに意義あるように、充実して生きるかということであって、これのみはいかなる人間にとっても異議のない、この現実界における至上の真理といってよいであろう。

けだしわれわれの有限的「生」の生前・死後に関しては、人によりまた宗教宗派のいかんによって、そこに多少の見解の相違なきをえないとしても、この地上の「生」を全般に充実せしめるように生きねばならぬという一事に至っては、もはや何人にも異議は存しえないはずだからである。これわたくしがかの「人生二度なし」という一語をもって、わたくし自身の人生観的真理の唯一至上の表現と考えるゆえんである。

第三講　人生の意義

生命の内奥から「開眼」した絶対的意義

すでに前講においても述べたように、われわれ人間にとって、最も大切な至上の真理は、おそらくは如上《じょじょう》「人生二度なし」という真理だといってよいであろう。

同時にこの真理は、わたくし自身にとっては、わたくしの自覚期ともいうべき三十五歳前後に、啓示《けいじ》せられたのであって、わたしはこの偉大なる真理に開眼せられることによって、はじめて自分の一生に対して、一種の通観的な眼が開かれたわけである。けだし三十五歳前後という頃は、いわば人間の一生の二等分線にあたる年齢であって、あたかも山巓《さんてん》に立って帰りゆくべきわが家としての人生の帰趨《きすう》が、おぼろげながらにも見えそめるわけである。

同時に古来幾多の宗教家が、多くはこの年頃においてその人生への「開眼」をえているのも、当然と考えられるのである。

だがわれわれの人生が、二度と繰り返えしえないというこの地上最大の事実即ち真理も、もしこれを他人からいわれて「なるほど」と受け身的に、理解する程度に留まるとしたら、それではこの人生を生きる上で、大した力とはなりえないであろう。

だがわたくしの場合には、それは自らの生命の内奥から、いわば映発《えいはつ》しきたったのであって、それはまさに「開眼」の語が当てはまるといえるが、それ故にこそこの一語は、わたくしにとっては、ひとり自己の一生を通観せしめられたばかりでなくて、それはさらに自後のわたくしの「生」の到るところに、その真理性の映現を見るのである。即ちこの一語は、自来《じらい》わたくしにとっては、この地上の「生」の再び繰り返えしえない絶対的意義を教示してくれるわけである。

されば、わたくしは、自来自らの「生」を、わが人生の全体の上において位置づけ、それが如何なる意義を有するかを問いつつ、今日までの人生を生きてきたといってよいのである。

なぜ人は人生の意義を深く考えないのか

だが、それにしても「人生二度なし」という真理は、その人生に対する態度として、極大的巨視観の立場から人生の全体を把握している点では、無比の根源性と明晰性をもつといえるが、しかもひと度内容的観点に立つとき、そこには人生の意義が明示せられているとは言い難いであろう。

随ってわれわれは、この「人生二度なし」という至上の真理をふまえながら、さらに一歩をすすめて、このように二度と繰り返えし得ない人生のもつ内容的意義を明らかにしなければならぬであろう。というのも単にこのわれわれの人生が、二度と繰り返えしえないというだけでは、われわれのこの地上的「生」が如何なる意義を有し、それを如何に実現すべきかということは、何ら明らかにされているとは言い難いからである。

かくしてわれわれの考察は、二度と繰り返えし得ないわれわれのこの地上的「生」は、そもそも如何なる意義を有するかを究明するの要があるであろう。即《すなわ》ち換言《かんげん》すればわれわれ人間が、絶大なる宇宙の大生命から、この地上的「生」を賦与せられたのは、そもそも如何なる意味があり、さらにはいかなる使命が負わされていると考えたらよいであろうか。同時にこの問題を究明することは、そのまままた人生の意義そのものを究明することに外ならぬといえるであろう。

それ故この問題を究明することは、古来あらゆる人々によって試みられてきたといえるが、しかもそれはわれわれ人間にとっては、至難のことと言ってもよいであろう。そしてそれには、おそらく次の二つのことが、その原因となっているとも言えるであろう。

即ちその一つは、われわれ人間自身が被造物であって、われわれ人間のこの地上的「生」は、元来他から与えられたもの故、それは厳密にいえば、われわれ人間が完全には、自知しているはずはなく、さりとて又いわゆる「天物言わず」であって、直接に賦与者たる「天」そのものに、問いただすことを不可能とするが故であろう。随ってそこには、厳密には、いずれも人間の臆見《おっけん》の介入することを拒《こば》み難《がた》いというべきであろう。

だが、それ以上に大きな原因は、意外にもわれわれ人間の多くが、この点への究明を怠っているが故といってよいであろう。この点は、不思議といえば実に不可思議千万《せんばん》ともいえるであろう。何となれば、人は自己が現在為しつつある個々の行為については、それぞれその一おうのことは、知らない者はないわけである。しかるに今こうした個々の行為を超えて、われわれの人生そのものの意義が、如何なるものであるかについては、意外にも人々の多くは、さまで深くは考えていないかに思われるのである。

これは思えば実に不思議千万といってよく、さらに大迂潤《うかつ》であって、これほど大きな迂潤さはないともいえるであろう。それというのも、われわれ人間のこの地上の「生」が、二度と繰り返えしえないものであるとしたら、その有する意義が如何なるものであるかについては、何人もふかく心得ているべき事柄であって、それを知らぬというは、いわば主人から命ぜられて使いに出たものが、その用向きを忘れたにも比せられるであろう。

誰もが使命を持った「生」を与えられる

では一歩をすすめて、わたくし自身この問題に対して、如何に考えているであろうか。この点についてては、すでにこれまで色々な場所で幾たびも卑見《ひけん》を述べてきたが、しかしいやしくも「人生論」という以上、ここでこの根本問題を回避するわけにはゆかないと思われるので、以下卑見の概要を述べることにしたいと思うのである。

それについて先ず第一は、われわれがこの地上に「生」を与えられた以上、われわれは、まず自分が「元」から賦与せられた特質を、できるだけ十分に発揮し、実現しなければならぬであろう。

しかしながら、その際ひとつの問題は、われわれ人間が、「天」から賦与せられた特性が如何なるものであるかということを、われわれは一たい如何にして知りうるであろうか。われわれが、他人から命ぜられて使いに出かける場合には、われわれはその使命について直接知らされるわけであるが、われわれがこの地上に「生」を受けた場合、われわれはこの地上において、自己の為すべき任務については、何らコトバを以って知らされて来たわけではないのである。

だが、それでは、われわれのこの地上的「生」は、その故に無意義であり、そこには果すべき何らの意義も使命も、ないと考えてよいであろうか。もしこの点を否定するとしたら、人は一種のニヒリズムに陥る外ないであろう。わたくしとても、そうしたニヒリストの考えが、全然理解できないというのではないが、さりとてそれに全面的に聴従《ちょうじゅう》するわけにはゆかないのである。

何となれば、すべて存在するものには、それぞれに意味があるのであって、この地上には、全然無意義なる存在とてはないはずだからである。もしそうだとしたら、この地上において、もっとも高度に発達したともいうべきわれわれ人間存在が、何ら自己に課せられたものがなくて、全然無意義な存在だということはありえないはずである。

それ故、もしそうだとしたら、われわれ人間には、その一人びとりにとって、各人がそれぞれに為すべく果すべき使命が、あるはずだと考えること自体に、何の不思議があるであろう。同時にそのような使命とは、厳密には、各人それぞれ極微的には、すべて異るべきものといってもよいであろう。そしてわたくしのこのような提言を実証してくれるのは、かの指紋が、万人ことごとく違っているという事実が、何よりも明らかにこれを証示しているといえるであろう。

しかるに、この点に対する人々の認識は、あるべきものより遙かなる離遠を示しているようであるが、それは要するに人々が、人生そのものに対し、随ってまた自らの人生に対して、真摯でない処にその深因はあるといってよいであろう。前にもいうように、われわれ人間は、自分が現在当面している眼前の事柄については、かなりな点まで、その知性を働らかすことは、例えばもろもろの科学的研究の上にも見られるわけであるがしかもわれわれの「生」そのものが、この地上において一たい如何なる意義を持ち、いかなる任務を果すべきかについては、ともすればこれを見逃しがちだといってよいであろう。

天賦の特質を発揮する

だが、このように、われわれ人間にとって、この地上的「生」には、たしかに一種の任務ともいうべきものがあるはずだということは、かりに了知《りょうち》しえられたとしても、しかもそれが自分の場合、如何なるものであるかという点については、何人にもこれを知ること必らずしも容易とはいえないであろう。何となれば、それは予《あらかじ》めわれわれに対して、いわゆる客観的に語られてはいないからである。

かくしてそれは、言わばわれわれの生誕と同時に、創造者によってわれわれ自身の生命の中にタネ蒔《ま》かれたものというべきであろう。随ってそれは、われわれ自身の生命の伸長と発達に従って、しだいに展開し顕示せられゆくものといえるわけである。

しかもこのように展開といい顕示とはいったが、しかも生命の秘義は、つねにその内面に存するが故に、われわれは、自己のこの地上的「生」の果し実現すべき使命が如何なるものであるかは容易に予知し難いともいえるであろう。だがそれにも拘らず、その人の態度が、真摯にこれを求めて止まぬとしたら、神はしだいにそれを啓示し給《たま》うといえるであろう。

ではそのような啓示は、最初いかなる形態で示されるかというに、それは多くの場合「好き」なことは「得手《えて》」とか「得意」という形態によって示されるようである。即ち自他共に認めるその人の長所として発現するといってよいであろう。

もちろんこれには、幾多の例外はあるわけであって、即ち人によっては、少年時代に好きであったり得意と思ったことが、誤りだったという場合もあるであろうし、あるいはまた少年の時期における皮相《ひそう》な錯覚に基づく場合もけっして少なくはないであろう。

だが、それはとにかくとして、人は自分が「天」から賦与せられた特質を発揮し、実現すべきだという根本原理については、何人も異論はないはずである。

では何故われわれは、そのようなことが言えるかというに、それは自明の事柄ではあるが、人間は自己の特質を発揮し実現することによって、生命のふかい充足感が得られると共に、それによってさらにわれわれ人間の構成している社会の生活の内容を、豊富ならしめうるのであって、もしこれを宗教的にいえば、それは神の栄光を増すゆえんといえるであろう。かくして、如上人生の意義の第一条件として、人は何人も「天」から賦与せられた自己の特質を十分に発揮し実現すべきだといってよいであろう。

だが現実問題としては、それは決して無条件的にいえることではなくて、そこにはさらに、「与えられた現実の諸条件の制約の下に」という但《ただ》し書きを附加するの要があるであろう。ということは、人によっては、「自分としてかくかくの事が、自分の天賦の特質だと思うが、しかしそれには、かくかくの制約があるために、その発揮実現が不可能である」として、これを投げ出す人も決して少なくはないからである。

しかしながら、われわれ人間の構成しているこの地上の社会は、もともと有限相対の世界であって、何らの制約もないということは、大よそあり得ぬこととといわねばなるまい。随ってわれわれは、自己の天賦《てんぷ》と考えられる特質の発揮実現については、現在自分の受けている現実的制約のいかんに拘らず、その発揮実現に努力しなければならぬであろう。人によっては、その受けつつある制約に、いかに千差万別があろうとも――。

人のために尽くさねば絵に描いた餅

以上わたくしは、人生の意義の第一が、われわれ人間が天より享《う》けたそのの特質の発揮実現にあることを述べたが、しかし人生の意義は、決してそれだけにつきるものではないであろう。

ではそれ以外に、一たい如何なる点があるかというに、今一言でいうとしたら、それはおそらくは「人のために尽《つく》す」ということであろう。何となれば、いかに自分の特質を発揮したとしても、もしそこに「人のために尽す」という一事を欠いたとしたら、それは円を描くのに、たんに円心を設定したというだけで、いまだ円周を描かないものにも比せられるであろう。即ちそれは、対自的な任務は果したとしても、いまだ対他的な使命を果したものとはいい難いからである。

ではかような第二の条件は、いかなる点にその根拠があるかというに、それはわれわれ人間が、単に孤立的な存在ではなくして、集団的な存在であり、換言すればその社会的存在たる点に基づくというべきであろう。それは例えば、幾人もの子どもを持った親は、それらの幾人ものわが子が、兄弟たがいにむつまじくあることを念じるのと、相似た趣《おもむ》きがあるともいえるであろう。それ故もし「天」に心があるとしたら、おそらく「天」は、自らの生める人類相和し相愛することを念じて止まぬはずである。同時にわたくしが人生の第二の条件として、如上「人のために尽す」という箇条を掲げるゆえんである。

しかしながら、如上「人のために尽す」という条件については、そこには範囲の広狭《こうきょう》のあることを知らねばならぬであろう。何となれば、この「人のために尽す」ということは、人によってその活動領域に無限に広狭の差があるからである。即ち人によっては、その直接人々に接する範囲はきわめて狭くて、限られた範囲に留まる人もあるであろうし、また人によっては、広く社会のために尽す人もないではあるまい。

かくして「人のために尽す」と云《い》う場合にもしさいに考えたらそこには二種の別を考えることが可能でもあろう。なんとなればわれわれ人間が、自らの特質を発揮し実現すれば、その結果必然にそうなるという場合と、――例えば、科学者の発明発見がひろく社会人類のためになるというはこの場合であろうが――そうではなくて、その人が社会のために尽すのは、とくにそれを意図したその人自身の意識的な努力による場合とがあるであろう。たとえば、実業などにあって一代で蓄積した財を、学校や病院などのような公共事業のために投げ出すが如きはそれである。

このように第一の場合の典型的なものは、前述のように卓《すぐ》れた科学者の発明や発見によって、多くの人々がその成果によって広く甚大《じんだい》なる裨益《ひえき》を蒙《こうむ》るような場合であり、また第二の場合は、上に述べたように、心ふかき実業家などが、人生の晩年にあたって、一代の富を公共の施設のために、投げ出す場合であって、それは前述のように、ひとり学校や病院等だけでなく、さらに博物館とか養老院、その他恵まれない人々の施設を設けるが如きをいうわけであるが、さらに近くは、同県出身の学生のために、大都会に寮を建てたり、あるいは貧しい青少年のために、奨学資金を設けるが如き例も少なくないであろう。

しかしながら、このような事柄は、先きの第一の場合はもとより、かりに第二の場合にしても、いずれもそこにはある種の歳能を必要とする事柄であって、何人でも可能な途とはいい難いであろう。

和顔と愛語で隣人を愛す

では以上をかえりみてわれわれは、先きに人生の意義の第二として、「人のために尽くす」といった条件に対して、一たい如何に考えたらよいであろうか。

それに対して、わたくしの最終的な答えは、結局次のようになるのである。それは如何なることかというに、「われわれ人間は、いやしくもこの地上に不幸の人が存在する以上、自分の幸福に対して、どこか相すまぬという気持ちを忘れぬこと」だと思うのである。同時にかくは考えても、この地上の人類のすべてを一人残らず幸福にするということは、現実としては到底実現不可能という外ないであろう。

それ故われわれとしては、そうした思いは心中ふかく抱きながらも、その日常の実践としては、日々自分が直接に接する人々に対して、自己に可能な範囲において、親切を尽くすという外ないであろう。即ちその想念《そうねん》においては、地上に一人でも不幸な人間のある限り、われわれは自己の幸福感に浸《ひた》り切ることは許されぬといわねばならぬが、しかもこうした願いを心中ふかく抱きつつも、他面その日常の実践としては、日々自分が直接に接する範囲の人々に対しては、その可能な範囲において、親切を尽くすべきであろう。

そしてその親切というには、さし当っては古人もいったように、まず「和《わ》顔《がん》と愛語《あいご》」から始めるがよいであろう。実際この「和顔と愛語」とは、一文の資金をも要しないにも拘らず、われわれ人間社会生活をいかに明るくするかは人々の予想以上に広大な力をもつというべきであろう。

かくして以上の帰結《きけつ》は、おそらくはかのキリストが「汝《なんじ》の隣人を愛せよ」といった真理の現代における領受《りょうじゅ》といいうるかとも思うのである。即ちわたくしには、キリストが「汝ら広く人類を愛せよ」といわないで、その日々接触する「汝の隣人を愛せよ」といわれた処に、真に心から頭の下《さが》る思いがするのである。

第四講　人間の一生

「人生」を易しい言葉で誇る大切さ

前講においてわたくしは、一おうわたくし自身の考える人生観の根本としての「人生二度なし」という根本信条について述べたが、しかし人によっては、これを余りに卑近とし、さらには低俗の見とする向きもないではあるまい。しかしながらわたくし自身としては、人生の意義については、その意義の重大性のゆえに、その考察はともすれば抽象的となり、それを以ってあたかも真理の高遠さを意味するかに考える人も少なくないようであるが、しかしわたくし自身としてはかような態度には、賛しえないものだといってよい。何となれば、世上にいわゆる「人生論」と称せられる書物には、概して上に述べたような種類の書物が多いからである。随ってそれらは、ともすればいわゆる哲学的な美辞麗句《びじれいく》を並べて人生の意義の深遠を示そうとするが如くであり、かくしてそこに如何なる真理が語られているかは、端的に読者に知らしめるものは少ないかに思うのである。

しかるにわたくしの見解によれば、いわゆる哲学論としてはとにかくも、人生の真理は、もっとも端的に語られるものでなければならぬと考えるのであって、それは人生そのものが、われわれ人間にとっては、至近というコトバをも超えて、端的かつ切実だからである。同時にこのことは、たとえばかのキリストの言葉として「聖書」に伝えられているものが、いかなる種類の言葉であるかを考える時、何人にも首肯《しゅこう》せられることであろう。

かくしてわたくしの立場からすればぱ「人生の意義」は、いかにそれが深遠高大であろうとも、それは何人にもその理解を可能とするような、端的易解の形態において語られねばならぬと考えるのであって、この点はかのキリストが、いわゆる哲学論を展開しなかったのみか、それは「聖書」に窺われるように、万人にも解しえられるばかりか、さらに如何なる人も、ひと度心すれば何人も守りうるような端的易解な形態によって、しかも無比の力づよさをもって語られていることは今日われわれの改めて嚙みしめてみる要があるであろう。

否、そればかりか、西洋の思想史上には、キリストの出現以前にも、すでにプラトン及びアリストテレスというような思想史上最大の哲学者が出現していたことをも、この際改めて銘記するの要があるであろう。即ち人類は、キリストの出現以前に、すでに如上プラトン及びアリストテレスというが如き偉大な哲学者を輩出していながら、それにも拘らずキリストが民衆に対して説いた教説は、このような自己に先行する大思想家の哲学説ではなくて、それとは全く正逆ともいうべき日常生活における卑近な実践的真理だったことを、今日われわれは改めて深省するの要があるであろう。

実さいキリストの説いたところは、先きにも触れたように、「広く全人類を愛せよ」というが如き抽象的な教説ではなくて、実に「汝の隣人を愛せよ」ということだったのである。もちろんキリストの想念神には、全人類的イデーがなかったわけではないであろう。だが彼は、それをそうした抽象的な理念のままの形態でいわないで、「汝の隣人を愛せよ」というように、直接脚下《きゃっか》の実践を通して教示したのであって、わたくしはこの点は実に重大な点だと思うのである。

いかに人生の段階を真摯に生きるか

このように考えてくる時わたくしは、わたくし自身の人生論講話としてのこの書を、世上ふつうに「人生論」と名づけられている多くの書物のように、単に「人生の意義について述べる抽象的な論議」に留めるには忍びないものがあるのであって、そこにはさらに、われわれ自身の一生を大観する時、それは如何なるプロセスを通って展開せられるかという具体的な問題をも考えずにはいられないのである。

即ちわたくしとしては、このささやかな「人生論」を、単にその横断面の構造のみを考えるだけでなくて、それが七十代八十代という一人の人間の一生の歩みをたどって、如何に展開せられるかという面をも、看過するわけにゆかないのである。

何となれば、われわれにとって重要なことは、人生の意義の単なる抽象的な理論だけではなくて、われわれ人間この地上的「生」としての人間の一生が、大よそ如何なる過程を通して、暦年的に展開するか、そしてもしそこに、幾つかの段階とか節ともいうものが考えられるとしたら、それは如何なるものと考えたらよいか、またそれらの人生の段階とか節ともいうべきものについて、われわれは如何なる注意と心がけとを必要とするか等々というような、人生の具体的な諸問題についても、それが「人生論」と名づけられる以上、たとえ概観的な粗抽にもせよ、とにかくこれを欠くことは出来ないと思うのである。

それというのも人生の味わいは、単に人生の意義いかんというような、抽象的な論議によって尽くされるものではなくて、人生のそれぞれの段階を、いかに真摯《しんし》に生きるかという点に懸《かか》るといってよいからである。しかもその際注意を要する点は、それら人生の幾つかの時期ないし段階は、一面からはそれぞれ独立して、それ自身の意義と価値とを有すると共に、さらにそれらの一切をつらぬく全体観においてこそ、人生の真の意義と価値とは、実現せられるというべきだという点であろう。

　即ち少年時代は少年時代として、また青年期は青年期として、それぞれその意義がありながら、しかもそれらは、やがて来たるべき人生の壮年期、及び結実期としての人生の晩年に対して、それぞれ準備的意義を有する一面を否定し難いのであって、われわれにとって真に「人間の一生」といいうるものは、それら人生の各段階のすべてを併せた包括的全体を意味することは、改めていうを要しないであろう。随って真のあるべき人生論は、単なる人生の横断面に窺われる抽象的、図式的なものの考察のみには留まりえないのであって、それはさらに、それぞれの年齢及び時期を通過しながら、それぞれの段階において自己を実現してゆく、縦観的《しょうかんてき》年齢的な考察をも要すると思うのである。否、むしろこの面の方が、われわれの現実生活においては、より切実だと思うのである。

人生の具体的叡知を示す「人生論」を書く

　では一歩をすすめて、何故そのような考察が必要かというに、それは、われわれにとっては、自分が現在経験しつつある人生の段階のもつ意義は、自分自身がその渦中に置かれているために、十分には把握し難いところから来るといってよいであろう。

　即ちわれわれ人間が、そのように自己の通過しつつある段階の意義を知るのは、その時期ないし段階を通過した後のことであって、さらに十全《じゅうぜん》には、われわれが自分の一生を生きつらぬいた後に、われわれは、はじめてわが身が通過してきた生涯の諸段階のもつ意義を知ることができるといえるであろう。しかしながら、もしそうだとしたら、それはいわゆる「仮知慧」ということになって、われわれ自身が人生を生きる上には、直接その意義を発揮し難いといわねばなるまい。

かくしてわれわれとしては、もしわれらの先人たちによって、このような点に関する真理が、もし書き残されていたとしたら、それはわれわれにとっては、まことに何物にも替え難いほどに貴重な生きた人生の具体的真理といってよいであろう。何となればそれは、われわれ人間にとって、最も如実具体に語られた人生の真理として、われらの行く手を照らし、さらには脚下歩々のあゆみをも正す人生の具体的叡知といってよいからである。

かくしてわたくしは、この書を以って一おう「人生論」とは名づけるが、それは、しかし単なる抽象的な哲学的本質論に終始しないで、さらに一歩をすすめて、われわれ人間の一生を、時期的年代的な展開の諸相に即しつつ、それを直観しようと考えるわけである。処で、かような立場にたって考える時、われわれの当面する一つの重大な問題は、その場合われわれ人間の一生を、如何なる段階としてこれを区分するかという問題だといってよい。

即ち換言すれば、その場合人間の一生を、大たい幾つくらいの時期として考えるが適当かという問題であり、さらに一歩をすすめれば、かりに人間の一生を、そのように幾つかの段階に分けて考えるとしても、そのような区分の基準を、如何に考えるかということが問題だといえるであろう。さらに一歩をすすめれば、かりに人間の生涯を五期に分けて考えるとしても、そのような五段階を区分するにあたり、それぞれの境界線を、一たいどの辺に引くかが問題なわけである。

かくしてわたくしも、種々考えてみたが、大たいの骨子としては、やはり「論語」における孔子の「志学章」に依《よ》るのが妥当かと思うのである。そしてそれは、さすがに世界の「四聖」の一人といわれる孔子の考えだけあって、実に適切であって、そこには実に卓れた具体的な真理性があると思うからである。

尚ついでに言えば、人生の意義を論じて孔子のように、人間の一生の歴程《れきてい》について述べているのは、世界の「四聖」のうちでも、唯《ただ》一人孔子があるだけだという点であって、この点は、今日われわれの改めて考慮に値いする事柄ではないかと思うのである。即ちわたくしの言いたいのは、その人生の考察の具体的な即実性を言いたいわけである。

果たして人生のゴールはどこにあるのか

ところで以上のような観点に立って、以下人間の一生を、その展開歴程相に即して概観しようとするわけであるが、この際念のためにあらかじめ明らかにしておくべき事柄があると思うのである。それは何かというに、わたくしは人生の結実期を、一おう六十歳から七十歳へかけての十年間と考えるものであり、今少し具体的にいうとすれば五十五歳から七十歳にかけての十五年間を以て、一おう人生の結実期と考えるものだということである。

もちろん、優れた人々の場合には、真の人生の結実期は、六十歳から八十歳へかけての二十年間といえるであろうが、しかし七十歳を超えても、尚現役として活動しうるという人は、世上ふつうの基準からいえば、一種の傑物《けつぶつ》といってよく、それは何人にも可能なこととは言い難いであろう。しかも啓発を主とする「人生論講話」としてのこの書は、そのような比較的数少ない卓れた人々に対して、人生の真理を説くことを、その主要な関心事とするものではなく、いやしくも「人生論」と名づけられる以上、それは一おう万人に通じる人生の普遍的真理を明らかにするものでなくてはなるまいと思うのである。

同時にそこから生じる今一つの問題としては、もし七十歳を以て「人間の一生」という唯一回のマラソン競走の終着点と考えた場合いわゆる高級生活者の場合にはそうした人生の終着点に達する十年も以前に、すでに現職から退かねばならぬという一事であって、これは人生の具体的真理の考察を意図する時、もっとも深刻切実なる現実問題といってよいであろう。

何となれば、資本主義の進行は、国民の大部分をして、その自立営業の根を引き抜いて、しだいにサラリーマン化せずんば止まぬが故である。もっともこれはひとり資本主義社会のみの問題ではなくて、社会主義社会、とくには共産主義社会においては、国民のすべては絶大なる国家権力によって、一挙にして自営の根を引き抜かれて、国民のすべてが俸給生活者たらしめ随られるわけである。

従ってそのような場合、人生の結実期をいかに考えるかは、実に深刻な難問といってよく、わたくしとても容易に考えうるとは思わないが、しかし、さればといってわたくしには、その故に一般俸給生活者が、その現職を離れる六十歳を以て、人生の結実期であるとする考えには、安易には同じ難いのである。否、如上六十歳を以て定年とすることすら、昭和四十二年の現時点においては、いまだ実現せられてはいないのであって、近き将来において、たぶん実現せられるであろうという見通しに当っていうに過ぎないのである。

随って人生のゴールインを、一おう七十歳と考えることと、俸給生活者が、せいぜい六十歳を以て定年となる事との間には、ひとつの重大にしてかつ深刻な問題の存することは、やがて考察がその段階に達したとき、改めて触れる問題ではあるが、事柄自体の重大性の故に、ここに、あらかじめ一言しておくゆえんである。

第五講　生命の生誕

「神秘」の一言に尽きる生命の誕生

すでに前講においても述べたように、われわれは、人生の意義を、単に抽象的に、その本質観の立場から考察するに留めないで、一個の人間的生命が、その生誕から死にいたるまでの間、いかなる歴程をたどって、その生涯を終えるかという、いわば「人間の生涯」の歴程の考察をも必要と考えるのであり、否、現実的には、そこまで行ってはじめて、「人間の生き方」の問題も、真の具体性と現実性とがえられるのである。

そこで今そうした観点にたって、先ず問題となるのは、いうまでもなく、生命の生誕という問題であろう。即ちそれは、一人の人間の生命が、この地上に生誕することをいうのであって、それは、外面からは、いわば拳大《こぶし》の一ケの肉塊が、母胎より分離するという肉体の分離現象の一種を意味するに過ぎないともいえるが、しかもそれは、ひと度これを内面的にながめたら、それは一ケの重大な事実であり、否、考えようによっては、実にこの地上最大の事実といってよいであろう。

何となれば、その一事によって、そこに生まれ出る魂からは、偉大なる学者となって、広く社会人類を裨益する人もあれば、あるいは時に凶悪犯人となるものもないとはいえないからであり、とにかく、そこには、一人の人間の一生が、何らかの意味においてすでに萌芽《ほうが》として含蓄せられていると言ってよいわけである。

そもそも生命の生誕という時、人々は、ともすれば一ケの嬰児《えいじ》が、母胎から分離するいわゆる「出産」という比較的短時間に終了する一種の生理現象を意味するかに考えがちであるが、しかしそれは事象をたんに外側から皮相に観察しただけの話であって、かりに今そうした外面的な生理現象の立場にたったとしても、出産のためには、それに先き立つこと約十ケ月以前に、すでに妊娠という事実の先行を必然とすることは、今さらいうを要しない自明事といってよい。

しかるにその妊娠という一事たるや、それ自身が一種の「奇蹟」ともいうべき不可思議底の事実といわねばなるまい。なるほど、これもいわゆる生理的立場にたてば、それは雄性《ゆうせい》の精子と雌性《しせい》の卵子との結合現象ともいえるであろうが、しかもそのような精子と卵子との結合が、いかにして可能であるかは、結局は最後のところは、われわれ人間の思議を許さぬていのものがあると言ってよいであろう。

同時にそのように、われわれの思議を超えるような現象に対して、これを一種の「神秘」というに、何のさしつかえがあるであろうか。いわんやさらに、精子そのもの、卵子そのものが、如何にして生成せられるかに至っては、結局は「そういうふうになっている」とでもいう外ない無辺際なる大宇宙の大用の一極微作用として、首を垂れて、その前に佇留する外ないであろう。

しかも奇蹟は単にその程度に留まらないことを知らねばなるまい。というのも、それら精子と卵子という二種の生殖細胞は、それぞれ内に染色体と呼ばれる部分を有して、それが父親及び母親からの遺伝の基盤になっているというのである。即ち精子も卵子も、それぞれ親のもっている特質を、萌芽の時期において、すでに含蓄し包有しているわけである。しかも、この場合さらに注意を要するのは、同じ一人の父親のもっている精子でも、それは決して同一ではなく、厳密には一々《いちいち》違うということであり、同様のことは、また卵子についても当てはまるわけである。

かくして性交によって射出せられた幾万という精子のうち、その何れが子宮内における卵と結合するかは、何らあらかじめ機械的に予定せられてはいないわけであって、もしそれを偶然といえば、一種の偶然ともいえるであろう。しかしながら、すべて地上に生起する事象は、生起するだけの因由あって生じるのであり、随って偶然とは、その根底に働いた必然の理《ことわり》を、突止めない処に成立する概念に過ぎないといってよい。

かくして精子と卵との結合の不可思議性にこそ、実は人間各自の個性によって生じる絶対的根源の存することを知らねばなるまい。即ち精子と卵という二ケのそれぞれ一あって、二なき絶対的なものの結合である故、そこに一あって二なき絶対独自の個性をもつ生命体の生誕すべきことは、いうを要しないわけで、かのよくいわれる「同じ腹から出て、どうしてこんなにも違うのだろう」などという俗言が、いかに粗雑な見であるかは、改めてとり上げるまでもないであろう。

受胎からスタートしている生の営み

しかしながら、人間の生命は、そのような妊娠受胎から、いわゆる出産にいたるまでの間において、さらに無量の変化遍歴をとげることも、また看過してはならない事柄である。

即ちそこには、周知のように、生物進化の歴程が、十ケ月の胎内生活において、もう一度反復し繰り返えされるということであって、わたくしはこの一事に想到するごとに、いつも無限の感慨に打たれずにはいられないのである。というのも、われわれ一人々々の人間は、自己のうちに、地上一切の生命進化の歴程を内包しているわけであって、即ちわれわれ人間の生命は、内にそのような無量の生物的生命の重畳《ちょうじょう》を内包しているのであり、この点に、われわれ人間は、それぞれ一個の「小宇宙」と呼ばれる生理的根拠があるわけである。即ち、われわれ人間は、そのように一切の生理的生物的生命の無量の階層をうちに内包しているが故に、自己を囲繞《いじょう》する万象の理解をも可能とするわけで、即ち外なる万象の認識への在的根拠を、内に包有しているわけである。

かくして人々は、人間の「生誕」といえば、たんに一ケの嬰児の母胎よりの分離現象として、いわゆる出産のみであるかに考えやすいが、しかし出産とは、それまで母胎の内部において営まれて来たもろもろの働きが完了して、いわゆる「時満《み》ちて」この地上に出現することを意味するとしなければなるまい。

かくしてわれわれ人間的生命の地上的存在の開始は、厳密には、母胎よりの分離に始まるものではなくて、すでに受胎妊娠と同時に始まっていることを知らねばなるまい。

かく考えてくる時、われわれは、今さらのように、胎教のもつ真理性のふかさに驚かずにはいられないのである。

何となれば、母胎の中に包まれている胎児の血液は、母体の血液のそれと全然同一という以上に一体であって、それは母体の血液の循環が、そのまま胎児の血行となるわけである。随って今感情の激動のために、母胎の血行が乱れたとしたら、それはそのまま胎児の血行の乱れとなるのであり、しかもそうした血行の乱れの胎児に与える影響は、母体のそれとは到底比較にならぬほどに深刻なことを知らねばなるまい。けだしそれは胎児の身体的構造が、いまだ全くの未限定状態にあるが故である。

しかもそのような母胎から受ける血行の乱れの胎児に与える影響は、ひとり身体の上のみではなくて、さらに精神上の影響も、看過し難いといわねばなるまい。何となれば、身・心の相即は、われわれ人間存在における最基盤的根本的な制約だからである。

同時にわれわれは、いわゆる自然科学的知識の発達しなかった時代の人々のほうが、その素朴純真な生命の全体的直観のゆえに、なまじいに科学的知識に煩《わずら》わされている現代人以上にふかく、如上「胎教」の真理性を把握し胎察していたのであって、改めて感慨の禁じえないものがあるわけである。

出生、生長、そのすべてが「神秘」である

しかしながら、胎児はひと度その母胎から離れれば、いかに小さくとも、すでに一ケの生命体であり、否、それはすでに一ケの人間的生命の開始というべきであろう。

だがわたくしにとって、さらに一層の驚異は、かくして生まれ出た拳大ともいえる一ケの肉塊が、自然に母乳に吸いついて、母体から出る乳を養分としつつ、しだいにその生長を開始することである。実際一ケの肉塊とも見えた嬰児が、日と共に、月と共に、しだいに生育し生長してゆくその根源力は、一たい何処に存するというべきであろうか。

そしてそれは、やがて眼が見えるようになれば、母親の顔を見、その声を聞き、さらには声を出して泣きかつ笑うようになるのであるが、何物が一たいこのような「力」を賦与したといえるであろうか。

唯物論の立場からは、このような現象に対して、いかに解釈せられるか否かを知らないが、わたくしにとっては、これら一連の人間的生命の生長については、ただ不可思議という外ないのであり、随って結局は「神秘」という以外に、表現すべきコトバを知らないわけである。いわんやそれが、歳と共に生長して、やがては幼稚園に通うようにもなり、さらには学校にも学ぶようになって、もろもろの情操《じょうそう》・意志・知性を内具しつつ、それらは歳と共に、その展開を見せるようになるのであって、実際このように考えてくれば、われわれ人間の出生と生長の一切が、根本的には唯ただ「神秘」の一語に尽きるかに思われるのである。

第六講　立志以前

「立志」＝「自覚」以前の子ども

前講においてわたくしは、われわれ人間のこの地上的生の開始としての「生誕」から生長について一瞥《いちべつ》を試みたが、では、それ以後の生命の発達についてのは、一たい如何なる立場で考えたらよいであろうか。とくにそれを如何なる区分によって考えるかは、かなり重大な問題といってよいであろう。それというのも、この書が単なる「人生論」的考察というだけでなくて、「人間の一生」という観点に立っての考察だからである。

そこで先ず最初の区分というか段階を、いずこに置くべきかについては、わたくしも色々と考えてみたが、結局は「立志」の年齢を中心として、それ以前と以後という区分が、まず最初の大きな段階といってよいであろう。

なるほど現代のような時代にあっては、それぞれの程度の学校生活を基準にして考察することも、そこに一種の意味がないわけではあるまい。否、その方が一おうは理解しやすいとの見も成立するであろう。だがそれは、いわば表面的な見方ゆえ、ここには今もいうように、志の立つまでと、それ以後という区分のほうが、内面的本質的といえるであろう。随ってそれはまた、自覚以前と「自覚以後」といってもよいわけであるが、ただ「自覚」というコトバが、哲学及び宗教の上では、特殊の深奥な意味をもって使われているゆえ、ここではそれを避けたわけである。しかしながら、もし「立志」というコトバでは、何か角立つ感じがするとしたら、「自覚以前」といってもよいであろう。

即ち、それは、たとえ漠然とではあるにしても、とにかく自分の将来に対して、ある種の展望をもち、そしてそれに対して、子どもながらにも、何らかの程度で内に期するものを持ち出す時期を意味するわけである。そしてそれは年齢的には、一おう十五歳前後と考えておく。随ってそれは現行の学校制度に即していえば、ほぼ中学の三年生辺に当ると考えてよいであろう。

かくしてこの講の考察は、われわれの生誕以後、ほぼその年頃までに至る間の考察というわけである。

「しつけ」は人間教育の基礎訓練

ではこの時期に関して、一たい如何なることが問題になるかというに、すでに述べたように、それは、われわれ人間の自覚以前の時期だということであり、随ってそれは、人間の自己責任という立場には、まだ十分には達しない。それ以前の段階だということである。これ孔子の「志学章」においても、

「吾十有五にして学に志し」といって、それ以前については何ら語られていないゆえんであろう。

しかしながら、これは今もいうように、いわば自覚以前の立場ゆえ、自分自身としては、自覚的責任以前の段階だというに過ぎず、随って、この時期に対する責任は、もっぱら両親がこれに当らねばならぬわけである。そして両親のうちでも、とくに子どもと接触の多い母親の責任が重大だといわねばなるまい。

同時にその場合、親の責任とは、これを一言でいえば、結局は養育としつけという二つの事柄に要約できるであろう。処がそのうち養育については、当然自明の事柄としても、しつけとは、そもそも如何なることを意味するのであろうか。それについて、今広義の立場からいうとしたら、しつけとは、結局子どもの身体的動作を、社会生活上、一定の規範に従って、人間生活の軌道に乗せる努力といってよいであろう。即ちそれは、子どもたちの生活をして、人間の社会生活の基礎的なルールに乗せるための、いわば基礎的訓練といってもよいであろう。

随って、この種のしつけについては、古来わが国の家庭生活においては、その意義がすこぶる重視せられてきたといえるが、しかしこれは何もわが国のみに限ったことではなくて、広く欧米諸国においても、ひと通りの家庭ならば、その子女のしつけを、なおざりにしている家庭はないはずである。

同時に、この点に関しては、最近わが国でも心ある人々が認めるようになったが、それというのも、戦後いっ時、戦前の道徳体系の崩壊と共に、しつけすら、まるで無用ででもあるかに考えられた一時期があったが、その結果もちろん原因はひとりこれだけではないとしても、深刻な非行少年問題を引き起こすことになり、かくして最近になって、ふたたび人間形成におけるしつけの意義が重視せられるようになりだしたのである。

それというのも、先にも述べたように、われわれ人間は、身・心相即的存在であるが、そのうち心、即ち観念のほうは、浮動常なきものゆえ、まず身体のほうから押えてかかって、その動作をして、われわれ人間の社会生活の要請する基本的準則に従わしめると共に、それによってその精神生活の基盤をも確立させようとするわけである。

かくしてこれは、時の古今、洋の東西を問わず、あらゆる人種において、しつけが幼少年期における人間教育の基礎訓練として重視せられているゆえんである。

「しつけ」の三大原則を徹底する

では、しつけは一たい、何歳くらいから始めるのが適当であろうか。またしつけの内容は、そもそも如何なるものと考えたらよいであろうか。だが、これらの考察に入るに先き立ってわれわれは、まずしつけ以前ともいうべき時期の重要性について、慎思を要するものがあると思うのである。何となれば、わたくしの考えでは、しつけを開始する最適の時期は、小学校入学前の三ケ年ほどの間と考えるのであり、随って、それは大たい幼稚園児の時期と考えてよいわけである。かくして、わたくしの考えでは、小学校入学前の三ケ年において、一おうしつけの基本的な事柄は——それについては後に述べるが——そのタネ蒔きが完了せられるべきであろう。

同時にそこへ至るまでの三ケ年くらい、即ち生後一ケ年を過ぎてから、かりに三年保育としたら、幼稚園に入るまでの三ケ年前後は、わたくしのいわゆる「しつけ以前」の基礎形成期ともいうべく、それは人間形成の上から見て、もっとも重大な意義をもつ時期といってよいであろう。

この事は近時アメリカの幼児教育の研究によって発見せられ、わが国においても、ようやくその意義の重大さが認識せられだしたようである。即ち、わが国でも最近満三歳前後という時期が、人間形成の基礎時代であるとの考え方が、しだいに浸透しつつあるといってよいであろう。

ではこの時期において、もっとも中心的意義をもつ事がらは何かというに、それは一言でいえば、「子どもの我意を、ある程度抑制することだ」といってよいであろう。もっともこれを、具体的には、どのようにしたらよいかという実際問題については、この書の性質上、立ち入るわけにゆかないが、とにかく子どもの積極的な生長力を傷わない範囲で、ある程度その我意を抑制する必要があるわけである。同時にこれが行われているか否かが、次のしつけの開始期に入る上に、じつに重大な関係をもつわけである。

かくして、われわれは、如上満三歳前後におけるある程度の我意の抑止をふまえて、幼稚園時代に入るのを境に、はじめてしつけの開始期に入るわけである。

しかるにしつけという時、ふつうに人々は、多くの事柄を考えがちであるが、わたくしの考えでは、しつけの基本的な箇条としては、わずかに三ケ条でよいと考えるのでありそして、それは（一）朝のあいさつ、（二）返事及び、（三）ハキモノをそろえる——という三ケ条でよく、この三種のしつけさえ真に徹底すれば、その他の事柄は、しだいに身につくようになると考えるわけである。

　ではそれは何故かというに、朝のあいさつは、正しい人間関係の開始であり、随って人に対して先きにあいさつするということは、すでにある程度の我意の抑制ないしは放棄といってよいであろう。そして次の人に呼ばれて返事がハッキリできるということは、これまた一種の「我」を抜く作業だともいえるであろう。随って、以上（一）朝のあいさつと、（二）返事のしつけという二つのしつけだけでも、子どもたちは、すでにある程度「我」を放棄して、受け入れ態勢になるわけである。

　同時にこのように、一たん受け入れ態勢が確立すれば、その他の事柄は、しだいに身につくようになるわけであり、したがって以上しつけの三大根本原則の徹底は自余一切のしつけ教育の根底になり、基盤となることへの確認こそ、世の父母及び教師にとっては、実に超重大事といってよいであろう。

　かくしてわたくしの考えでは、以上三つの基本的なしつけは、先にも述べたように、小学入学前三ケ年の間に、一おう完了するのが、一ばんやりやすく、かつ効果が多いと考えるわけである。

処でそのうち、ハキモノのしつけは、人間にしまりを与えるための基礎的訓練といってよく、それだけに、これは、仲々容易ではないが、しかしこの時期にしつければ、比較的容易であると共に、さらに、その持続率も多いといってよいであろう。

だが、このハキモノのしつけはもとより、朝のあいさつにしても、さらには返事の如きも、小学校の三、四年、五、六年、そして中学の二、三年と、次つぎと自我の成長期の節にさしかかると、それまで出来ていたものが、しだいに弛《ゆる》んでくる傾向があるゆえ、親としては、さらに一段と心を引きしめて、ネジをしめ直さねばならぬわけである。そしてネジをしめるとは、両親自身が自己の実践に対して、新たにネジを巻くと同時に、子どもらに対しても、つねに賞讃のコトバを惜しまぬということであろう。

「しつけ」と「伝記」により「志」が芽生える

最後に、このような「立志以前」の段階において、今一つ重要な事柄は、小学校の五、六年生から、中学の一、二年へかけて、偉人の伝記を読ますということである。

そしてそれは、前のしつけの三大原則の徹底によって、いわば土壌が肥《こや》されている処へ、良い品種のタネを蒔くにも比せられるであろう。即ち、子どもたちに、即身的な基盤の整備せられている処へ、卓れた人間の生き方のタネ蒔きをするわけである。

さればこの種の準備を怠っては、たとえ年齢的には「立志」の齢《よわい》になったとしても、真の「志」の芽生えを期待することは不可能といってよい。もしそれ偉人の伝記を読ませると共に、さらに毎朝、親から起こされないで、自分で起きるように導くことができたとしたら、子どものしつけとしては、一おう望みうる最善といってよいであろう。

けだしそれは、しつけと偉人の伝記を読んだことが、一体となって、火花を発するにも似た現象だからである。

第七講　基礎づくりの時期

「二度とない人生を覚悟して生きる」という自覚

前講で、わたくしは、われわれ人間がこの地上の「生」をうけてから、少年ながらも一おうの、自覚に達するといえる十五歳辺に至るまでの歩みについて、概観したのであるが、ここには引きつづいて、それから以後三十歳辺になるまでの歩みについて、瞥見《べっけん》を試みたいと思うのである。

ではその際最初に問題となるのは、何かというに、それはいうまでもなく「自覚」の問題であろう。もっともここで「自覚」というのは、ふつうに哲学や宗教で問題としているような深い意味における自覚の謂いではない。それというも哲学上「自覚」と呼ばれるものは、いわば宗教上の「回心」にも似て、自己の「生」の根本的転換を意味するわけであるが、しかし今、ここで取り上げようとしている「自覚」とは、そのような深奥な意義の自覚をいうわけではない。

だいいち、年齢的にいっても、だいたい十五歳を中心として、その前後数年の間に見られる一種の心的現象であって、それは端的にいえば、それまでは、いわば唯無邪気に子どもらしく過してきたのが、その辺の年頃になると、さすがに自己の前途に対して、何らかの希望と、見通しを抱きそめるのをいうのであって、それは昔のコトバでいえば、いわば「立志」の語がこれに該当するであろう。

だが、「立志」という時、それは昔でも、とくに卓れた資質をもつ少数の少年についてのみ、妥当した事柄といってよいが、とくに今日のように社会が複雑化してきて、一種の乱反射的な刺戟の唯中に置かれている時代にあっては、十五歳前後になれば、何人にも「立志」が可能であるとして、これを要請しうるとはいい難いであろう。

いわんや、さらに現在の教育制度に即して考えれば、十五歳といえば、中学三年生の年ごろに該当するわけであり、随って中学三年生になれば、何人にも自分の方向を確立させるということは、少数の例外者を別にしては、一般には望み難いことといってよいであろう。即ち今日のような時代にあっては、中学三年のころに、生涯の志を立てたら、あくまで、その初志をつらぬかせるということは困難だといってよいだろう。

だがそれにも拘わらず、いま立志というコトバを、直接将来の職業にまで結びつけねばならぬと考えないで、とにかく先に、第三講で「人生の意義」において述べたように、人生の二大根本原則を守って、この二度とない人生に生を享けたことに対して、ある種の自覚をもち、一種の自己確立の第一歩に立たしめるのいいだとしたら、それはひとり不可能でないのみか、もしその程度を問わぬとしたら、おそらく何人にも望ましいことというべきであろう。

何となれば、この二度と繰り返えしえない。地上の「生」を、人間として恵まれた以上、何人もそれに値いするような生き方をすべく、覚悟し決心するということは、まさに万人にとって望ましいことであって、教育の最終的眼目は、実にこの一点に存するといってよいであろう。

即ちそれは教育のいかんによっては、われわれ人間に可能であるばかりか、実に絶対必然といってよいであろう。

進学、就職もまた「天」の命にあり

ところで、このように、ここで「志」を立てるというのは、現実的には、結局、進学及び就職の問題とふかい関連があるといわねばなるまい。

何となれば、志を立てるといっても、われわれ人間の現実としては、職業を離れては、すべては空言となるからである。かくしてこの問題は、わが国の現状よりしていえば、中学だけで学業を了《お》える者は、何か身についた特殊の技能を身につけることが、絶対必至といえるが、高校へ進学するものについても、その学校選択については、世間体《せけんてい》や外聞を第一としないで、自己の性格並《ならび》に肌合いに合った処へ進むべきであろう。

同様なことは、さらに大学に進学する場合にも当てはまることであって、いわゆる世間的な学校の啓発等級などを第一としないで、自分にふさわしい職業を選ぶことを根本とすべきであろう。否、その方向にさらに一歩を進めるとしたら、もし大学に自分の尊敬する教授がいたら、たとえその大学が、世間的な等級からは、多少劣ると見られる大学であっても、その大学を志望して、その教授の指導を受けるようでありたいと思うのである。それはたとえば、そのかみ三木清が、旧制第一高等学校を出ながら、西田幾多郎博士を慕って、京都大学の哲学科へ入学したように――。

尚そうした点からは、前にも一度触れたことであるが、大学を卒業すると、たとえその素質は優秀であっても、その大部分は俸給生活者となって、人に使われる人間になり、自ら独立して、自営の人たるものは、寥々《りょうりょう》として、ほとんど絶無といってよいほどであり、このことは、現在初代社長として活躍している人々について見るに、その大部分が、小学校だけの学歴者が多いといってよいであろう。もっとも、その当時の高等小学は、今日に移して考えれば、ほぼ高校卒業に該当すると考えてもよいかと思うが、それにしても、真に独立独歩、如何にささやかなりとも自営の道を歩もうとする者に対する指導と助言とは、教師はもとより父母としても、まことに深省すべきものがあるといってよい。

さて以上は、一おう望ましい立場、ないしは「かくあってほしい」と思う立場について述べたのであるが、しかし現実としては、必らずしも、こうゆかぬばかりか、今日わが国の社会の実情からして、人々の多くは、学校の選択に際しても、とかく世評を第一として、一おう自己の実力によって、ほぼ入学可能と思われる二、三校を受験して、そのうち入学できた学校へ入るというのが大部分であって、自己の適性を第一基準として選ぶ人は、比較的少ないといってよいであろう。

かくして人々の多くは、要するに通《とお》った学校に入り、そしてそこで選んだ専門の部門を、自分の生涯の道とするというのが、大多数だといってよいであろう。しかしながら、今日のわが国の社会並に教育の実情よりすれば、それもあながちに咎《とが》めえないともいえるであろう。

かくして、そのような場合に対処する唯一の心得としては、「天」はつねにわれわれ人間の恣意《しい》を超えた処に導き給うとの信念に従って生きる外ないであろう。同時にこれは、一種の宗教的信念といってもよかろうが、しかし、これは、必らずしも特定の既成宗教によらなければ、得られぬというものではないといってよい。かくして自分の入学したのは、必らずしも自己が第一志望として希望した学部ではなかったとしても、そこに「天」の命ありと心の腰をすえて、取り組むことにより、やがてはかかる信念の誤りでなかったことが実証せられる日が来るといえるであろう。

三十歳までは土台づくりに励む

かくして次に問題となるのは、学窓《がくそう》を出てからの生活であるが、この点に関しては、わたくしは大たい次のようにいうことが出来るかと思うのである。それは何かというに、たとえ卒業した学校が中学や高校であろうが、はたまた大学であろうが、結局学校を出てから三十歳までの間は、その人の生涯に対して、一種の土台づくりの時期だということである。なるほど学校卒業後三十歳までの歳月といっても、中学出身者にとっては、そこには十三、四年という長い年月があるわけであるし、また高校卒業者にとっては、そこには十年余りの年月があるといってよく、同様に大学出身者にとっては、六、七年しかないわけである。だが、そのような年限差のいかんに拘らず、三十歳という年齢は、一人の人間にとっては、まさにその基礎づくりの準備を終って、社会的活動に入る年齢と見てよいであろう。

かくして大学卒業者は、前述のように、そのほとんどは、俸給生活者として、終生人に雇われる者が多く、随って学窓を出てから三十歳までの五、六年間は、自分の就職した職場において、三十歳以後の活躍に対する準備を為すべき時期であるが、しかし、高校及び中学の出身者にとっても、この理はほぼ違わぬといってよい。

随って高校及び中学出身者にして、独立自営の途を拓こうとする者も、三十歳までには、曲りなりにも、独立しないと——即ち、この時期を外しては——原則的には独立自営の人となることは、容易でなく、否きわめて少数の例外を除いては、まずは不可能といってよいであろう。同時にこのように独立自営の途をとる者は、独立するまでは、（一）禁煙を厳守すると共に、（二）結婚せずかつ、（三）信用と資本の蓄積のために、命の限り骨を削って、取り組まねばならぬであろう。

かくして、次に問題となるのは、男女共に、結婚の問題といってよいであろう。

だが結婚については、男女両性の間には、かなりな相違があるといってよいであろう。即ち結婚は、男子にとっては、必らずしも、人生における唯一の問題ではないが、女性にとっては、一部の例外者をのぞいては、絶対的意義を有するということである。

では、男性にとって、絶対的なものは何かといえば、それはおそらくは事業といってよく、さればこそ男子は、先きにもいうように、自己の職業上の最底基盤ができるまでは、足手まといになる結婚をすべきでないといわれるゆえんである。これに反して女性にとっては、結婚は一部の例外者を別にしては、婚期を逸せぬということが、ほとんど絶対的な重要事といってよいであろう。かくして以上をかりに年齢的にいうとしたら、男女の結婚適齢期は、男子二十八歳前後、女子二十二歳ないし二十三歳という辺かと思われる。

同時にわが国の現状からいえば、女性で一つの専門的な仕事をやり抜こうとしたら、やはり独身を覚悟してかかる必要があるであろう。そしてそれは必らずしも現状がそうだというばかりでなくて、おそらく将来といえども、かなりな程度までこの事の妥当性はあるといえるかと思うのである。

だが、それはとにかくとしても、二千年前に孔子が「三十にして立つ」といった真理性は、二千年後の今日においても、なるほどその形態の上には、多少の変化はあるにしても、大局的には、ほぼ変らぬ妥当性があるといってよく、そしてその事の根本は、やはり人寿の本原的限定は、孔子の時代と今日とで、さまでの相違のない処からくることであろう。

第八講　活躍期

三十年から五十年に及ぶ人生の活躍期

すでに前講でも述べたように、二十代は人生における基礎づくりの時期であり、土台づくりの時代であって、この時期をいかに努力するかによって、その人の一生は大きく左右せられるといってよいであろう。そしてこの真理は、その職業のいかんを問わぬばかりか、ある意味では学歴のいかんすらも超えて妥当する真理といってよいであろう。即ちそれは、たとえば中学や高校を卒業して、独立経営者になる人々にも当てはまれば、また大学を出て、俸給生活者の途をたどる人々の場合にも、ひとしく当てはまる真理だといってよいであろう。

かくして、二十代をもって人生の基礎形成期であり、即ち土台づくりの時期だということは、言いかえれば、一種の雌伏《しふく》時代だといってもよいであろう。同時にその次に開かれる三十歳以後の世界は、まさに人間としての活動期に入るわけであり、さらには人生の活躍期といってもよいであろう。

そこで次に問題となるのは、ではこのように人生の活躍期といわれる時期は、一たい何歳くらいまでと考えたらよいかという問題であろうが、そこには一応三つの時期、ないしは段階が考えられるといってよいであろう。同時にそれは、古来「男の働き盛りは三十年」といわれて来たことも契合《けいごう》するわけであって、かく考えるとすれば、ふつうの人々の活躍期は、一応五十代の終り辺をもって終ることになり、随ってかような考えからは、俸給生活者が六十歳をもって定年となることは、一おう妥当だといってよいわけである。

即ち、この様な立場にたてば人間はこの地上に生を享けてから三十年という長い準備期を用意したあげく、それに続く活躍期もまたほぼ三十年というわけである。

しかしながら、以上はいわゆる普通の人生コースをたどる人々、とくにいわゆる俸給生活者についていうことであって、定年によって束縛せられない独立の営業者の場合には、上述のようなわくは超えられることを知らねばならぬ。

即ちそのような人々の場合には、人生の活動期は五十代をもって終らないわけで、六十代一パイは、その活動のつづく人が多いといえるであろう。否、さらに卓れた一部の人々の活動は、七十代に入っても、尚衰えぬ場合が少なくないのである。かくしてそれらの人々の場合には、いわゆる「一業五十年」というコトバが当てはまるのであって、たとえば京都で戦前から戦後へかけて、「中外日報」という宗教新聞を出していた真《ま》渓涙骨《たにるいこつ》氏の如きも、この「一業五十年」を標榜して、よくこれを貫いた一人といってよいであろう。

かくして考えられることは、むかしから「男の働き盛りは三十年」といわれるのは、普通の人々に当てはまる一般的通則ともいうべきものであって、多少とも常人のわくを超えて活動する人の場合には、その活動期は六十代の終りまでといってよく、随ってもし三十歳から数えるとすれば、そうした人々の活動期は四十年となるわけである。

さらに「一業五十年」ということになれば、その活動が三十歳から八十歳まで続く人というわけである。なるほど人間も、一つの職業に従事して三十年もやり抜けば、一応はその道に通じて、ある程度、熟達するとはいえようが、しかしそれはまだ世俗的な標準からいうことであって、真にその道の奥《おう》妙《みょう》の域に到るには、やはり五十年はかかるというべきであろう。随って「一業五十年」ということは、人生の生き方の目標としては、確かにふかい真理を示すと共に、一おう最高の具体的目標といってよいであろう。

しかしながら、このように、人生の活躍期が五十年をつらぬくということは、やはり非凡の人といってよく、随って、また逆に非凡な人物とは、とりあえず、その人の活動が、七十歳を超えて尚自らの一道をあゆむ人といってよいであろう。

三十代前半はいまだ準備期

以上わたくしは、一応「人生の活躍期」について概観を試みたわけであるが、以下今少しく立ち入って、考察してみたいと思うのである。

さて、ひと口に「人生の活躍期」といってもすでに述べたように、そこには一おう三種の別があるであろう。即ち人生の活動期が三十年しかない人と、四十年活躍する人、及び五十年活動する人との三種である。しかしここには、さしあたり俸給生活者の大部分を基準として、人生の活動期を、ひとまず三十年とする人々について考えることにしたいと思うが、その場合にも、そこには、さらに若干の区分を考える必要があるであろう。

ところが、このような区分について考える場合にも、かの孔子の「志学章」における人生の区分は、ふかい妥当性をもつといえるようである。即ち（一）三十にして立ち、（二）四十にして惑わず、（三）五十にして天命を知るという三段階である。随って三十歳から六十歳までの三十年を、人生の活躍期とする人々について、かりに区分するとしたら、ここにもまた前期・中期・後期という三期に区分して考えてみる必要があるであろう。

そこで、そのうち先ず三十代をもって、前期活動期とすれば、三十代に入るということは、孔子も「三十にして立つ」と言っているように、そこには卓然として、自ら立つという趣がなくてはならぬであろう。即ち二十代には、よし多少の彷徨《ほうこう》は免れなかったとしても、三十という声を聞くようになっては、もはやそのような彷徨を脱して、卓然として自己を確立して、人生の活躍期にあゆみ入るという処がなくてはならぬであろう。だが、それは、自後三十年という活躍期全体の上から見れば、そこには尚一種の準備期という趣がないわけにはゆかぬであろう。

これを実際問題について考えても、人間も三十代では、まだその実力も十分ではなく、いわんや人間としての徳望というが如きものは、乏しいのであるから、この三十代の十年というものは、やはり一種の基礎づくりの時期と考えてよいであろう。即ち高次の準備期ともいえるわけである。同時に、それを、さらに細分して考えれば、そのうち三十歳から三十五歳までは、その前半ともいうべき時期であって、一般的には、いまだ沈潜雌伏の趣を呈する場合も少なくはないであろう。

三十五歳からの五年間こそ、最重要期間

そこで次の三十五歳から四十歳までの五年間であるが、この五年間はわたくしの考えでは、人間の一生のうちで、最も重大な時期といってよいかと思うのである。

即ちこの三十代後半の五年間というものは、かりに三十代の十年を、人間の活躍期の三十年の中で考えたら、やはりまだ一種の準備期といってよく、しかもその最後の仕上げ期間に該当するが故である。かくしてこの三十代の後半の五年間というものは、ちょうど十五歳から三十歳までの人間の基礎形成期中、その最後の五年間の二十五歳から三十歳までが、その仕上げ期であるのと相似た趣であって、いわばそれの一段高次の段階といえるであろう。

かくしてこの三十代の後半は、まさに、「高次の基礎形成期」といってよいであろう。

この事は、たとえば学問の領域について考えても、西晋一郎《しんいちろう》・西田幾多郎という二人の巨人についても、ひとしく当てはまるのであって、これら民族のもつ独創的な思想家にとって、この三十代の後半は、まさしくその独創的思想の基礎的萌芽の胚胎《はいたい》期だったといってよく、しかしそれが奇《く》しくも契合しているが、しかしこれはひとり学問の世界においてのみならず、広く一般の職業に従事する人々についても、あまねく通じる真理といってよいであろう。たとえば実業家などの場合でも、いっかどの仕事をした人々をとってみたら、必ずやその基礎は、この三十代の後半において為された人が、その大部分を占めるといってよいであろう。

ではこのような人生の活躍期中、その第一期ともいうべき三十代について、とくに注意すべき点は、如何なる事というべきであろうか。

　今この点について考えるに、なるほどそれは、確かに人生の活躍期三十年の中では、第一期といえるが、しかし同時にそれはまた、活躍期三十年に対しては、基礎形成期という点であろう。即ち二十代の十年が、人生の準備期だったのと比べて、それは一段と高次の基礎形成だという点である。

　随ってそこで大事なことは、われわれはひとり自己の心・力を尽すのみでなく、さらに身体的にも、全精根を傾け尽さねばならぬ時期だということである。けだし身・心は相関相即ゆえ、真にその心を尽すということは、同時にこれを身体的側面からいえば、体力の限りを傾け尽すでなくてはならぬのである。総じて基礎づくり、ないし土台づくりというものは、そうしたものであって、全心・身を提げてこれと取り組み、全精根を傾け尽すことによって、はじめて、いわゆる土台づくりは出来るわけである。

先に二十代の後半も、一種の基礎形成期だといったが、そこではまだ外的彷徨の免れぬものより脱して、自己を卓立《たくりつ》して、自己の道に立つのではあるが、しかし、三十代にも、そこには、尚内的彷徨ともいうべきものがないわけではない。即ち自己の進むべき方向は、一おう確定したといえるが、しかも自己の道の基礎づくりがあったのである。かくして三十にして立つとはようやくにしてかかる外的彷徨の方法については、そこには尚一種の彷徨がないとはいい得ないわけである。

かくしてかかる内的彷徨に対して、終止符を打つのが、いわゆる三十代の後半というわけであって、その意味からは、この三十代の十年、とくにその後半「五年前後」というものは、人間の一生において最重大な意義をもつ時期といえるわけである。

尚この時期において、今ひとつ大事な事柄は、周囲の人々から信用を得るということであろう。もちろん広く社会的な信用を博するということになれば、三十代では尚、不十分であって、四十代からさらには五十代に入らねば十分なる社会的信用を博するということは困難だというべきであろう。

それゆえ今、私がここで言おうとするのは、そうした信用の基礎として、先ず周囲の人々の信用を得なければならぬということである。さらに言いかえれば、その人の人間的実力としては、まだ十分とはいえないが、しかし将来のために実力を蓄えつつあると、周囲の人々が、認識するということである。しかし、真に人々の信用を博するというには、単にその職業、ないしは専門上の実力だけでは不十分であって、その根底に、人間的な信用の大切なことは、改めていうを要しないであろう。

そしてそれには、第一人間が誠実であって、約を守るということであり、さらに端的には、その人の言行が一致するということであろう。もちろん、こうした人格的なるものの基礎形成は、いわゆる人間形成の基礎時代としての十代に、すでにその基礎は築かれねばともいえるが、しかしそれが、多少社会的に認識せられ出すのは、やはり三十代の十年といってよく、さらにはそうした人間的信用と、専門的な実力とが相即一体となる処に、この三十代十年の意義はあるというべきであろう。

しかも、それらが一応の完成に達するのは、就中《なかんずく》三十代の後半といってよく、これ先にもいったように、この時期をもって、ある意味では人間の一生において最重要な時期というゆえんである。

蓄積と拡大に多忙な四十代

かくして、われわれ人間が、高次基礎時代ともいうべき三十代の十年を終って歩み入るのは、四十代であって、これは普通の人々にとっては、一応人生の活動期の中期に当る時期といってよい。

現に孔子も、「四十にして惑わず」といっているが、ここで「不惑」といっているのは、一応すべての道理が分って、物事に対して惑わなくなるのいいでもあろうか。もっとも、ここで「不惑」というは、人生に対する根本態度についていうことであって、日々当面する一々の事蒙に対して、何ら迷うところがないという意味ではないであろう。

否、そうした意味からは、われわれ人間は「生きている限りは迷う」ともいえるのであって、いつまで生きても、何らの迷いもないという人はないともいえるが、しかし人生に対する根本態度については、一おう迷いがなくなるというのが、この四十歳というのであろう。即ち三十代では、尚内外的彷徨ともいうべきものがあると、先きにいったが、それが無くなるのが、この四十というわけである。

従って三十代には、先に述べたように、肉体的にも精根の限りを尽さねばならぬが、しかしそれでいて、活動の成果という点になると、三十代よりも四十代の方が、よりその成果が大でなければなるまい。何となれば、四十では、すでに内的彷徨は止んでいるゆえ、努力の成果は、すべて無駄なく蓄積せられると共に、さらにその基盤も確固としてくるが故である。

しかしながら、この四十代において大事なことは、上述のように、その基礎が固まると共に、さらにそのスケールが拡大せられねばならぬということであろう。

何となれば三十代は、最後に到るまで、もっぱら基礎づくりに終始するのであって、いわば人生における真の雌伏期といってよいが、四十代に入れば、もはや前述のように、いつまでも単なる雌伏期に留まることなく、徐々に社会的な活動期に入るわけであるが、しかしそこには、尚人生における基礎的蓄積の要が看過せられてはならぬであろう。

何となれば、三十代の雌伏期の蓄積だけで、社会的活動を始めたとしたら、それはせいぜい四十代十年にして、その蓄積は完全に喰いつぶされるといってよいからである。かくして四十代の十年を、単に社会的に活動するだけでなくて、反面同時に蓄積が為されて、はじめてその人の五十代の活躍は可能となるわけである。

随って一人の人間にとって、その人の五十代の十年の活動を支えるものは、それに先き立つ四十代十年間の活動と相即するその蓄積であって、もしそれを怠る時、人は四十代で、いかに花やかに活動しても、五十代に入ると共に、もはや「生」の積極的な推進力はなくなって、単なる惰性《だせい》によって生きる外なくなるであろう。しかも世間を見渡すとき、この種の人が、いかに少なくないことであろう。

では、如上四十代における蓄積とは、そもそも如何なることをいうのであろうか。

もしこれを実業の世界についていえば、一面には財の蓄積を怠らぬと共に、他面それに劣らず、自己の人間的形容量を深め、かつ拡げることを意味するといってよいであろう。即ち、それはまた、人に長たるの徳を積むことといってよいであろう。

何となれば、三十代の十年間は、いずれかといえば自己の基盤づくりに懸命であって、それに専念する外なかったが、今や一応それを終えて四十代に入れば、その社会的地位からいっても、ある程度人々の上に立つようになる故、いわゆる人に長たるの心得を身につけねばならぬであろう。

もちろん、そうしたものは、三十代においても、すでに出来るだけ身につけねばならぬともいえ、さらには二十代、否、十代においても、その萌芽はすでに見られるといえるであろうが、しかしそれが全面的に問題となるのは、やはり四十代から五十代にかけてであり、とくに四十代は、この点への顧慮《こりょ》を必要とするであろう。否、それは、単なる「顧慮」などという程度では、到底不十分であって、人はその為には、全力を尽くすべきであって、その点では、いわゆる事業の計画等とくらべて、毫《ごう》も劣るものではないからである。否、この期においては、三十代と違って事業を推進するといっても、個々の事柄に関しては、結局それぞれ部下の人々によって行われる外ないからである。

四十代の十年で自己を賭ける勇断を身につける

だが四十代において、今一つ大事なことは、この期において身につける徳性の一つは、如上人間的な包容力の外に、今ひとつ「断」を下《くだ》すことができねばならぬということであろう。

何となれば、人に長たる人において最も重要な資質は、一方では、多くの人々を容れる包容力であると共に、さらに今ひとつの資質として、「断」を下しうる処がなくてはならぬからである。けだし「断」は現実界における決断、決定の力といってよく、随ってもしこの「断」を下すことができなかったとしたら、現実界において事業の成功は絶対に見難いといってよいであろう。

もちろん、このような断を下すためには、人は将来に対する見通しの叡知を要することは言うまでもないが、しかしまた反面、人は単なる見通しだけで「断」を下しうるかというに、必らずしもそうはゆかないのである。むかしから「知者は迷う」ともいわれるように、見通しは、幾つかの可能的なケースを提示しはしても、そのうちの一つを採用するには、そこに一切の可能的な想念を捨てて、そのうちの唯一つを採らねばならぬのであって、そこにはまさに自己を賭けるていの勇断を要するのである。しかも人々が、このような、自己を賭ける勇断を身につけるのに、最適の時期はいつかといえば、結局この四十代の十年といってよいであろう。

もっともかく言えば、人によってはそうした修養は、何も四十代などと限らず、すでに三十代でも必要だというでもあろう。そしてそれは、その人が独立の営業者であるか、それとも人に使われている俸給生活者かによって、大きく違うともいえるが、しかし四十代ともなれば、たとえ人に使われていたとしても、比較的責任の重い地位につくこと故、この種の勇断を要する機会が多くなるといえるであろう。

天命を自覚する五十代

かくして男の働き盛りとしての三十年のうち、その中期ともいうべき四十代を終るや、人は五十代に入るわけであるが、この五十代という十年間は、普通の人々の場合には、一応人生の結実期ということになり易いともいえるであろう。

そしてこれは、いわゆる俸給生活者の場合には、その人の資質のいかんに拘らず、一応はそうなる外ないともいえるのであって、俸給生活者にして、六十代の十年間が、一生の結実となるような人は、考え方にもよるが、少ないといってよいであろう。即ち、極めて少数の例外者が、あるいは重役となり、さらには傍系会社の社長などになって六十代に入ってからのほうが却《かえ》って活動して、人生の真の結実に達する人も、絶無ではない。しかしかりに重役になったとしても、一流会社では六十三歳辺までが多く、かりに一般の定年制が六十歳になったとしても、七十まではむつかしくて、たぶん六十八歳辺止まりとなる可能性が多いであろう。

かくして一般普通の人の場合には、一応五十代の十年をもって、人生の結実期とする外ないのが大部分であって、独立営業者でない限り、六十代のほうが、五十代以上に活躍して、充実した人生の結実期となるということは、容易に期し難いといってよいであろう。同時にそこに、古来この五十代の十年間が、人生において重視せられてきたゆえんがあるといえるであろう。

もっとも五十代の十年を以て、人生の結実期とした時代は、二十代をもって人生の準備期とは考えず、すでに活動期の第一段階と考えていたといってよいであろう。

かくして五十代の十年間は、むかしも今も、その重大さにおいては変らぬわけであるが、しかし人間の教育期間がしだいに長期化すると共に、五十代においてしばしば認められたいわゆる「隠居制」というものが消滅した以上、五十代の十年間は、何といっても一応人生の最重大な時期といってよいであろう。それゆえ孔子は、五十歳をもって「天命を知る」の齢としているわけである。

ところで、この場合孔子が、「天命」と呼んでいるものの内容が、いかなるものであるかについては、人によってその見解に多少の相違はあるであろうが、しかし自分が「天」から享けた使命が何如なるものであるかということとに対して、はじめてハッキリした自覚に到達するの意といってよいであろう。

従ってそれは、これをうら返えせば、人によっては「自己の限界の自覚」だとも言えるであろう。即ち三十代はもちろん四十代においても、われわれの多くはまだ自己の能力に対して、冷厳な限界の自覚には達しえないといえるが、さすがに五十の声を聞けば、そぞろに自己の限界を知らされると共に、そうした限界裡の仕事こそ、真に自己が「天」より命ぜられた使命であるとの感を深めるのであって、これ孔子に「五十知命」の語のあるゆえんであろう。

経済と精神の「結実」に向かって邁進する

そこで一歩をすすめて、では五十代においてわれわれの努むべきことは、一たい如何なる事というべきであろうか。それに対してわたくしは、大たい次のように考えるのである。それは俸給生活者の活動期は、独立営業者より約十年短いこと故、結局五十を以て一おう人生の「結実」を期する外ないということである。

同時にここでわたくしが、人生の結実というは、物的経済的生活はもとより、さらに精神的にも、一おう生涯の結実を期すべきだと考えるわけである。そのうち経済生活面については、いうまでもなく晩年の生活設計を、十分に用意することであろうが、しかしそれには、五十代になってからでは不十分なことというまでもない。何となれば五十代に入れば、子女の教育及び結婚等に関して、急激に支出が増大するが、しかもそれに対して収入のほうは、それと比例して上昇はしないからである。

かくして五十代をして、そのあるべき結実期にふさわしからしめるためには、人々は遠く三十代より、否さらに慎重には、すでに二十代の後半辺から、それに対して備えるべきだといえるであろう。そしてそれらの中でも、とくに住居に対する計画は、少なくとも俸給生活者の場合には、いかに早くから考えても、決して早きに過ぎることはないともいえるであろう。

だが五十代が人生の結実期であるというは、単にそうした経済的観点からのみいうことではなくて、何よりもまずその人の仕事の全的充実と、その結実とが意味せられなくてはならぬであろう。そしてそのためには、人々は自らの仕事に対して、四十代にも勝る真剣な取り組み方を必要とするであろう。

それというのも四十代では、そのポストがまだ十分に自己の全能力を発揮しえない場合が大部分であるが、五十代ともなれば如何なる人も、それぞれその人の資質と運命とに応じて、一応その全能力を発揮しうる段階に達するといってよいからである。

なるほど、当人自身としては、多少の不足はあるにしても、客観的に見た場合、人々は自己に可能な範囲での全能力を発揮しなくてはならぬであろう。たとえば、心ある人の眼には、その人の能力からいえば、その地位は多少低いというような場合でも、もやはそれを取り返えすことは容易ではない故、結局その与えられたポストにおいて、自己の全能力を尽くす外ないであろう。そしてかかる真理を道破《どうは》したものこそ、実に、「知命」の語に外ならぬと思うのである。

同時にわたくしは、この五十代における自己の全的結実の一面として、その終末期に近づいたら、何人も、それぞれ自己の「自伝」を書くことを奨めたいと思うのである。

「自伝」の意義については、わたくしはすでに、自分の「自伝」の序文において、一応その意を尽くしていること故、ここにはそれを繰り返えすことはしたくないが、もし「自伝」を書くことをもって、知名の士でなければすべきでないなどと考える人があったとしたら、わたくしはいいたい。「偉い人だったら、自分で書く必要はなくて、人が書いてくれるが、われわれ凡人は、自己が今日あるをえたことへの報謝としても、これをしなければならぬ」と。

第九講　人生の結実期

真の結実期は六十代にあり

以上前講において、わたくしは、人生の活躍期ともいうべき三十代・四十代・五十代の三十年について概観したのであるが、しかしわたくしの考えからすれば、人生の真の結実期は五十代ではなくて、やはり六十代の十年と考えたいのであり、従ってここでは、そのような立場にたって、改めて人生の真の結実期としての六十代について考えねばならぬと思うのである。

なるほど、すでに前講でも述べたように、いわゆる俸給生活者の場合には、五十代が人生の活躍期であると共に、他面結実期でもなければならぬ運命にあるのが、その大部分といえようが、しかし、そこにはやはりムリがあって、人生の真の結実期は、どうも六十代の十年と考える方が至当だと考えるわけである。即ち、一応五十代の活躍期を了《おわ》って、しかる後、過去三十年に及ぶ活動期の結実に入るというのが、自然でもあり、また当然とも思うわけである。

ところがこの点は、独立営業者にあっては、多少の例外を除いては、一おう自然に行なわれるといえるが、俸給生活者の場合には、この点をいかに考えるかは、ひとつの重大な難問といってよいであろう。即ち言いかえれば、人間は一生を俸給生活者として過してきた場合は、それがいかに有能な人であっても、結局は定年と共に、これまでの現職より退かねばならぬわけであるが、――そしてそれは、たとえ将来定年が延長せられたとしても、せいぜい六十歳といってよかろうが、そうした場合六十代の十年間が人生の結実期となるには、一たい如何に考えたらよいであろうか。

かく考えてきた時、少しわたくしがここで「人生の結実」と呼んでいるものが、はたして如何なるものであるかについて、改めて吟味してみる必要があるであろう。それ故、わたくしがこれまで「人生の結実期」といってきた場合、その具体的な内容をいかに考えていたかについて、改めて検討してみる必要があるであろう。

かくして先ず考えられることは、「人生の結実期」と呼ばれるためには、それがその人の一生の「総決算」という意味がなくてはならぬであろう。即ちまた、六十代は人生の結実期であるといわれるためには、これをウラ返していえば、われわれはこの六十代という十年間に、自分が一生為してきた事柄について、その総決算をし、その最終的結晶化を図らねばならぬといえるであろう。

しかるにこの点は、独立営業者のばあいには、比較的行なわれやすいといえるとしても、いわゆる俸給生活者のばあいには、一般的には困難といってよいであろう。何となれば俸給生活者は、かりに将来定年が延長せられたとしても、せいぜいの処六十歳が限度といってよく、もしそうだとしたら、すでに現職から離れた六十以後の十年間に、生涯の仕事の総決算をするということは、けっして容易ではないといわねばなるまい。

試みにいま官公吏《かんこうり》の場合について考えるに、これらの人々は、なるほどその在職中には、それぞれ自己に与えられたポストにおいて応分《おうぶん》の仕事をし、それぞれ一応の業績を挙げたといえるであろう。だがひと度その地位を去って一介の野人《やじん》となった場合、生涯のあゆみを結実させるとは、一たい如何なることを意味するであろうか。思うにそれは容易なことではないであろう。その場合、わずかに考えられるのは、いわゆる「二番煎じ」ではあっても、とにかく定年退職後も、何らかの仕事があって——理想としては現職時代と同種類の仕事があって、——それによって、年金及び退職金の利子と、六十歳以後の収入とを合すれば、ほぼ現職時代の収入と同程度の収入が確保せられ、同時にそうした心の安定を基盤として、その上に自己が過去三十年間あゆんできた生涯の努力を結実させることであろう。

たとえば官公吏の場合には、自分のあゆんだ足跡をかえりみて、そこからえられた反省的教訓を、後にくる人々のために書き残すということであろうが、定年退職後も仕事と収入とがあって、悠々とかかる一生の結実を為しうる人は、実際にはきわめて少数といってよいであろう。これわたくしが、教師に対しては、結局退職前にこれを為すべきことを力説しているゆえんである。

俸給生活者と独立営業者によって異なる六十代の生き方

以上は一般官公吏について言ったのであるが、では学者の場合には如何であろうか。学者の場合は、大学教授として定年は一おう六十三歳といってよく、それも将来一般の官公吏の定年が六十歳となれば、大学教授の定年は六十五歳になる可能性は十分にあり、また学者の場合には、たとえ定年退職後も、短大などまで考えに入れれば、現職時代とほぼ同種の仕事にありつく可能性が多いといってよいであろう。

随って仕事と収入の面では、一おうの安定をうる人が多いといえるであろうが、しかしそのように、比較的に責任の軽くなった六十代の後半において、生涯のあゆみの総決算をするということは、如上条件的には、比較的容易といえるにも拘らず、これを為す人は、案外少ないのではあるまいか。少なくともわたくしの見るところでは、そのような感慨を禁じえないのである。

同時にかように考えてくる時、六十代に入って人生の結実をするということは、独立営業者にとっては比較的容易だとしても、いわゆる俸給生活者にとっては、容易でないことを知らねばなるまい。しかるに如上俸給生活者にして、深くこの点に思いを致して、早くよりこれが対策を立てている人は、比較的少ないのではないかと思うのである。

しかるに一般に独立営業者の場合には、なるほどその身体を投げて提げての活躍期は、五十代までだとしても、——もちろん卓れた人々の場合には、活躍期はさらに六十代の十年を加えることになるが——六十代に入ってからも、定年制によって首が落ちるということがないので——一代磨いてきた叡知とその人の身についた信用とによって、大部分の人が、六十代十年をもって、人生の結実期とすることが可能といえるようである。

なるほど、六十歳を超えれば、肉体的には多少の衰えが兆《きざ》しそめるとしても、その頃には息子が三十代の半ばから、人によっては四十歳近くにもなる故、実際に躰《からだ》を動かす方は息子の助力をえるとしても、事業そのものの責任と統率とは自らこれに当り、かくしてこの六十代の十年間に、生涯の結実を為すことは、比較的容易であるといってよいであろう。

少なくとも先きに述べたように官公吏ないしは、たとえ実業会社に入ったにしても、俸給生活者とくらべては、はるかに容易といってよかろうが、しかしこれは「俸給生活者には定年があるから」というだけではないのであって、即ち独立営業者というものは、その生涯を自分の事業の全責任を負うて、つねに危険な綱渡りによって、人間的に鍛えられているからである。されば独立営業者が、六十代の十年間に、一おう生涯の結実を為しうるというのは、いわばその人の生涯の労苦に対する「天の報賞」といってもよいであろう。

以上、人生の結実期としての六十代について概観したわたくしとして、最後に若干の附言を試みるとすれば、如上俸給生活者はかなり若い時代から、定年以後の生活に対して、つねに物・心両面からその対策を考えて、それに備えねばならぬということである。

たとえば独立営業者のばあいには、自分の居宅を建るのは、五十五歳から六十歳辺がよかろうと思うが――独立営業者としては、資金を早くからそうした利を生まぬ無用な方向に投入すべきではないからである――が俸給生活者は、これとは正逆に、なるべく三十代に家を建てる工夫をするのが賢明であろう。けだし定年以後の収入の激減を考えれば、当然の事といってよい。

尚六十代というよりも、人は五十五歳辺から、とくに健康に留意するの要があるであろう。わたくし自身の健康法については、すでに拙著「人生二度なし」において述べてある故、ここには繰り返えすことをしないが、しかしあそこで述べなかったことをついでに附言するとすれば、それは食物に対する心得であろう。そしてそれは、一口でいえば、血液を酸性化しないようにーーということであって、これは現代の二大病患ともいうべき脳溢血《のういっけつ》とガンに対する最も根本的な予防対策といってよいであろう。

とにかく人間の健康は、身・心の調和的相即態に成立するもの故、真に人生の「結実」を期せんとするには、いかに遅くとも五十五歳辺から、何か自己の信じる健康法を始める必要があるであろう。

第十講　人生の晩年

六十代の十年に果たしておくべきこと

前講において「人生の結実期」を一おう六十代の十年と考えたわたくしは、今やそれを了えた後に入る「人生の晩年」について考えねばならぬであろう。もっとも人によっては、その人の活躍期が六十代の十年をつらぬき、随ってその結実期が七十代となるというような人もないわけではなく、そうした人の場合には、ここでわたくしが、「人生の晩年」と名づけるものは、八十歳以後になるというわけである。だが、そのような人は、まさに「紹凡」の人といってよく、かくして普通一般の人々の場合には、一おう七十歳までに、人生の結実期を終って、七十歳以後は、人生の晩年として、いわば「余生」ともいうべきものに入るのが普通であり、また幸福でもあるであろう。

現に孔子のごときも、七十歳を以って「心の欲するところに従って矩《のり》を踰《こ》えず」といっているように、人間も七十代にもなれば、もろもろの肉体的な欲望に悩まされるということも、しだいに少なくなり、また人生におけるもろもろの責任の重荷もその大部分下して、余生を悠々として送るというのが、望ましい人生の晩年の在り方というものであろう。

では、このような立場にたって、七十歳以後に開かれる「人生の晩年」に対して、われわれは一たい如何に考えたらよいであろうか。

それに対してわたくしの言いたいことは、そうした悠々たる人生の晩年を迎えんがためには、われわれはそれに先き立って、まず六十代の十年をかけて、「人生の結実」を完結しておかねばならぬということであろう。即ち為すべきことを十分にしておかなければ、悠々として人生の晩年を楽しむわけにはゆかないわけである。

ではそうした観点から考えて、「人生の結実」を完了しておくとは、一たい如何なることをいうのであろうか。そこには大別して、二つの方向が考えられるであろう。

即ち一方からは、晩年に対する経済面の用意であり、今ひとつは精神的な面であろう。そしてそのうち経済面の重要なことについては、何人もよく知っているわけであるが、しかし神精面において、如何なることが為されていなければならぬかということになると、意外にもうかつな人が少なくないようである。同時にまたその程度だから、肝心の経済面の用意についても、不用意な人もあるわけである。同時にそのようなことも、結局は人生に対するそれまでの考え方が、とかく抽象的であって、人間の一生を通観したり具体的考察に乏《とぼ》しかったということも、ひとつの重大な一因といえるであろう。

では、七十を境にして開かれる人生の晩年を、いわゆる「余生」として、真に意義あるような晩年たらしめんがための準備として、われわれが六十代の十年間に、果しておかねばならぬことは何かというに、その一半《いっぱん》が経済生活面だということは、改めていうを要しないが、しかしある意味ではそれに劣らず重要なことは精神面であって、ではそれは何かというに、人は六十代において、まず（一）「自伝」を完成すると共に、（二）さらにできたら自分が生涯従年してきた仕事について会得した真理を、後にくる人々のために書き残しておくということであろう。

そのうち特に前者、即ち「自伝」を書くべきことについては、すでに前講でも触れたこと故、ここには繰り返したくないが、しかしそれは一方からは「血」を子孫に伝えた者の責任として、少なくとも孫の代までは、自分の一生の足跡を伝える一種の義務があると思うのである。では子どものない人には、その要はないかというに、そうではなくて、自分の今日あるを得たについては、幾多の人々の恩恵によるもの故、「自伝」として自己形成史を書くことは、そのまま又それら無数の人々に対する一種の報恩録というべき意味をもつわけであり、かくして人はいやしくもこの世に「生」を享けた以上は、何人も「自伝」を書くべき義務があると考えるのであって、この義務を如何に遅くも七十歳以前に果しておくでなければ、真に悠々たる人生の晩年は恵まれぬといってよいであろう。

人生の晩年の修養に努める七十代

では以上二つの義務、即ち（一）経済生活面の用意と、（二）精神面の義務としての「自伝」を、人生の結実期としての六十代において為し遂げたならば、七十歳から開かれる「人生の晩年」には、何ら為すことはないかというに、そうではなくて、そこにはさらに新たなる責務が待ちかまえていると思うのである。

ではそれは如何なることかというに、わたくしの考えでは、第一に大切なのは孫の教育であり、とくにそのしつけだと思うのである。それというのも、人は道理の上からは、子を生んで人の子の親となった以上、わが子の教育、とくにそのしつけを受けもつのは、人として当然の義務というべきであるが、しかも実際問題としては、人はわが子の幼少時代には、一家を支えるために、心身を労することが多く、そのためにわが子のしつけと取り組むだけの心のゆとりが得にくいのが、むしろ通例といってもよいほどである。同時に親としてわが子のしつけの徹底し難い今ひとつの理由は、親自身がまだ人生の半ばにあって、人生の始終を見通していないために、如何なる事柄が、わが子のしつけとして、重要かということへの確信を持つことが容易でないからであろう。

かくて古来卓れた人々の多くは、意外にもその幼少期のしつけを、父母ではなくて祖父母から受けた場合が多いのであるが、しかし如上のことわりを考えれば、何ら意外とするに足りないであろう。実さい齢七十を超える頃ともなれば、大ていの人が、その人なりに一おう人生の始終を見てきている上に、壮年期の激情もすでに収まっている故、しずかに、かつねんごろに、孫に対してしつけをすることは、「人生の晩年」における最大の仕事といってよいであろう。けだし孫に対して正しいしつけをすることは、わが家を、少なくとも自己をふくめて三代は、安固ならしめるゆえんだからである。

そこでそのような孫のしつけには一たい如何なることが必要かというに、それにはすでに述べたように(一)朝夕のあいさつと、(二)返事と、(三)ハキモノの揃えられることとが、最基盤的な三大箇条といってよいと思うが、ただ孫に対してこれらしつけをする場合大切な注意は、孫たちから見て敬愛に値する祖父母であるということであろう。それというのも、もしこの根本の一事にして欠けていたとしたら、いかに熱心にこれらのしつけをしたとしても、それはむしろ逆効果となって、ただ孫たちから嫌われる存在となるのがおちであろう。

されば われわれは、人生の晩年に近づいたならば、青壮年の時代以上に、はるかに心を引きしめて、人生の晩年の修養に努めねばならぬであろう。そしてそれは、もはや一家の生計を支える主責任の地位から解放せられている以上、自分さえそのつもりになれば、さまで困難ではないはずである。かくして人生の晩年にさしかかったならば、われわれは人間としての生き方の上についても、最後の仕上げと取り組む心がけが必要と思うのである。

「老年期のたしなみ」の第一は柔軟心を失わぬこと

ではそのような立場から考えて、晩年のたしなみとして、一たい如何なることが考えられるであろうか。しかるにこの点について、わたくしがつねに不思議の感に堪《た》えないのは、洋の東西を問わず、人生の晩年の心得を書いたものは、意外なほど少ないということである。現に寡聞《かぶん》なわたくしの知っている範囲では、西洋においてはキケロの「壮年について」があり、またわが国では佐藤一斎の「言志四録」の最後において見受ける程度である。

だが、かくも東西共に老年に関する心得を書き記したものが少ないのは、そもそも何故であろうか。そこには精《くわ》しく考えたら、種々原因があるとは思うが、しかしその根本は、老年になれば相当な人でも、とかく壮年時代ほどの心の緊張を失い、そのために万事おっくうになって、ついに後進者のために、その心得を書き残しておこうというような婆心《ばしん》が失われるが故ではあるまいか。

かりにその心理に立ち入って考えてみても、青年期や壮年期の人々に対して、その心得を書くことなら、割り合いにたやすいとしても、老年期の心得を書くということは、現在人生の完成期にある人々を眼中において、それらの人々がやがては年老いて、人生の終末期にさしかかる頃を想い浮べて書かねばならぬ故、よほどの婆心親切でなければ、でき難いことといえるわけであって、これ前にも述べたように、洋の東西を問わず、真に「老年期のたしなみ」といいうるものの稀れなゆえんであろう。

ではこのような立場にたって、いわゆる老年期のたしなみとして、一たい如何なることが考えられるであろうか。かく問うことによって、第一に考えられることは、柔軟心を失わぬということであろう。

では柔軟心を失わぬとは、そもそも如何なることをいうのであろうか。それは端的には、わが心が凝固《ぎょうこ》しないとのいいであろう。

では一歩をすすめて、われわれはどうしたら心の凝固を防ぎうるであろうか。それにはつねに、相手の気もちになって考えることを忘れぬ、ということであろう。

だがこのようにいうだけなら、単なる概念的理解の域を脱せぬ恐れがないとは言えぬであろう。そこでわれわれは、柔軟心を失わぬためには、もっと具体的現実的なたしなみとして、自分の見解とはかなり違った人々の意見に対しても、頭ごなしに、それに対して否定や反対の意を表明しないで、少なくとも相手がその意見を述べ終るまでは、静かにこれを聴くという態度が望ましく、こちちの意見を述べるのは、その上のことにしなければなるまい。

否、真に柔軟心をもつ人だったら、たとえ相手が自分とは反対の意見を述べようとも、「打ち肯《うな》ずきながら聴いた上で、相手が述べ了った後でも、よほどの必要のある場合でなければ、自分の意見を述べるのをひかえるようにできたら、これは大したものであってそうした人は、たとえばその生理的な暦年としては、いかに歳をとっていようとも、その人の精神年齢は、なお瑞々《みずみず》しい弾力性を失わぬといってよいであろう。

老年のたしなみとしては、以上柔軟心の一事を、真によく体しえたとしたら、その他のことは、おのずからにして出来ること故、一々ここに列挙するの要もあるまいが、今念のためにその二、三を述べるとすれば、（一）歳をとったら話がくどくならないように、（二）そして自分が話すよりも、なるべく相手に多く話さすようにし、（三）さらに「自分の若いころには」というコトバは、絶対の禁忌《きんき》とするということなどが、さし当って一応のたしなみといってよいでもあろう。

同時にもし以上の三ケ条が守れなくなったとしたら、その人は、極微的にはすでにモウロクが始まったといってもよいであろう。いわんや同一人を相手に、同じ時に同じ場所で同一の話を二度三度と繰り返えすようになったとしたら、もはや完全にモウロクしたといってよいであろう。しかもモウロクするのが恐ろしいのは、モウロクした本人自身は、自分がモウロクしたとは気づかぬ点であって、これわたくしが、「あまり永生きをし過ぎぬようにしたいものだ」と考えるゆえんである。

尚最後に、人生の晩年の問題としては、趣味の問題も軽視できないであろう。そして趣味の問題としては、(一)相手を必要としないこと、(二)次にはあまり金のかからぬこと及び、(三)家にいても楽しめる事などであろう。

かく考えてくれば、読書とか歌や俳句、あるいは又盆栽や園芸などは、比較的に良い趣味といってよいであろう。もしそれ園芸が趣味で、多少の空地でもあって、朝のミソ汁の実や、漬物用の野菜に事を欠かず、さらに、時としては、それらを隣近所へも頒《わ》けるようだとしたら、老年の趣味としては、けだし最上といってよいであろう。

第十一講　死と永生について

「死」を迎える準備こそ人生最重大な問題

前講において、「人生の晩年」について考えたわたくしに、最後に問題となるのは、結局「死」の問題といってよいであろう。だが、「死」の問題は、必然にまた「永生」の問題とつながることを不可避とするといってよいであろう。

すでに前講でも述べたように、われわれ人間が、この地上に「生」をうけたのは、卑近な比喩でいえば、この世へ客に来たようなものであり、随ってわれわれは、自分がこの世で為すべき任務を果し了えたならば――少なくともわたくし自身としては、余り長居をし過ぎないようにありたいと希《ねが》っているしだいである。

もちろんこうは言っても、わが身の願い通りになるというわけのものでないことは、いうまでもないが、同時にまた平素から、このように考えていると否とでは、そこにある程度の差を生じるかとも思うのである。ではそこに如何なるひらきを生じるかというに、第一には、先きにも述べたように、モウロクするのが多少遅れるか、またはその程度が多少低くてすむかと思うのである。

だが、ある意味でそれ以上に大事な問題は、われわれが自己の死を迎える態度の上に、かなり大きなひらきが生じるといってよいであろう。即ち一おうこの世における自己の任務を果したら、あまり長居はし過ぎない方が好ましいと思うわたくしの気持ちは願わくばなるべく静かに死を迎えられるようでありたいとの希いに外ならぬのである。

かくて前講において、「人生の晩年」の心得について考えたわたくしは、今やこの世への最後の訣別《けつべつ》としての「死」を迎える準備についても、考えねばなるまいと思うのである。否、この「死」を迎える準備こそは、「人間の一生」を問題としたわたくしにとっては、最後のそして最重大な問題といってよいであろう。

しかしながら世上ふつうに「人生論」と名づけられる書物の多くは、この点に関しても述べてあるのは、極めて少ないといってよいようである。そしてそれは、かつて述べたように、世上ふつうに「人生論」と呼ばれている書物は、主として青年期の人々を対象としているものが多くて、この書のように、人間の一生をその眼底《がんてい》に収めて、人生の始終を通観して述べられているものは、比較的に少ないからであろう。

しかしながら、いやしくも「人生論」と名づける以上、その最後の終末が、「死」を迎える準備を以て結ばれるということは、むしろ必然の要請というべきかと思うのである。けだし「死」は人生の終末であると共に、さらにその完成であって、何人もこれを避け難いのみならず、それの如何は、その人の全生涯を左右するといってよいからである。

「死」は生の「終末」であり「完結」である

ところで、人生の終末としての「死」について説くということは、普通には宗教のことであって、いわゆる「人生論」の任ではないかに考えられているかのようである。同時にまた宗教は、人生の終末としての「死」に関しては、一おう力をきわめて力説するといえるが、しかし人間の生涯そのものの始終を通観して、その歩みについて説くものは意外に少ないようである。だがわたくしの考えとしては、それでは、それぞれ縦《たて》の一面に過ぎないのであって、これらの両面は、一つに統一せられねばならぬと思うのである。随って「人生の晩年」について考えたわたくしとしては、今や必然に「死」についても考え、さらには「死」を迎える準備、ないしはその態度について考えねばならぬと思うのである。

では「死」とはそもそも、如何なるものと考えたらよいであろうか。

それはいうまでもなくこの地上の「生」の終末であって、いま生理的には、それは心臓の鼓動が止まると共に、呼吸をしなくなるの謂いだといえるであろう。そしてそれは、確かに厳たる「死」の徴標といえるであろうが、同時にそこにはその人のこの地上的「生」の終末が意味せられるわけである。

即ちわれわれ人間存在にあっては、身心は相即であって、その生理的「生」の終りは、同時にまたその人の人間的「生」の一おうの終末でもあるわけである。

では一歩をすすめて、そのように「死」はその人の人間的「生」の終末だということは、一たい如何なることを意味するであろうか。思うにそれは、ひとりその人のこの地上的「生」の終末というだけではなくて、同時にまたその完結でもなければならぬであろう。

もっともこの点に関しては、もしその際死者の年齢のまだ若い場合には、大いに問題があるとも言えるであろう。何となれば、「死」はその人の生理的「生」の終末であると共に、その人の「生」の終末だとはいえても、同時にそれがその人のこの地上的「生」の「完結」であるとは、そもそも如何にして言いうるかという問題である。

しかもこの点に関しては、それを単に地上的「生」の終末とするに留まるか、それともそれを「完結」と見るかは、そこに重大なるひらきがあるわけであって、後者は全く宗教の立場といってよいであろう。同時にその場合それが「宗教」の立場だということは、当の本人並びに周囲の人々が、それを単なる終末と見ないで、完了と見るか否かによると思うのである。

即ちいかにその人の年齢がわかくても、その臨終にあたって、今やわが身に迫りつつある「死」に対して、それをこの地上の「生」を与え給えるものの意志によって、その膝下《しっか》へ迎え取られるとの自覚を以って、自らの「死」を迎えるとしたら、その時それは、この地上的「生」の中断、ないしは断絶ではなくして、その完了であり、さらには完結といってよいであろう。

もっともかくいえば、突然の突発的な死——たとえば交通禍《こうつうか》等による即死、又如上の道理を知るに到らない幼き者の死の場合には如何かというに、そうした場合その死をこの地上的「生」の完結たらしめるものは、親を始めとして、親しき人々の態度のいかんによるといってよいであろう。

「死」によって絶対者に還る

かくして有限存在たるわれわれ人間の「死」を、単に地上的「生」の終末と見るか、それともそれをこの地上的「生」の完結結了と見るかは、実にわれわれ人間にとって、この地上における最後の、かつ最重大な問題といってよいであろう。

しかもそれを決定するのは、結局根本的には、当の本人自身が、自己のこの地上的「生」は、絶対者より給わるものであり、即ちわがこの地上の「生」は、そこばくの任務を果すべく、この地へと派遣せられた束の間の「生」に過ぎず、随ってそれが了れば、われわれは再びわれをこの地上に送り給える絶大なるものの懐《ふところ》へ還りゆくということわりを、よく身根《しんこん》に徹して体解《たいげ》し身証しつつ、自己の生理的な死に対して、いたずらに歎き悲しむことなく、これを甘受《かんじゅ》する態度が、平生の日からすでに準備せられて、練り鍛えられているか否かがこれを決定するといってよく、これ普通には、宗教と呼ばれるものによって、導かれる処とせられているようである。

かくして自己の生理的生命の終末を機として、己が有限的生は、その根源たる絶対的生命に還り、それによって迎え取られるのだということを、その平生の日より、よく了知し身証していて、それによってそのような覚悟によって「死」を迎えるとき、われわれの地上的生の終末は、そのままその完結として、絶対者の許に抱きとられるわけであって、これ仏教などにおいて「摂取不捨《せっしゅふしゃ》」といわれるゆえんである。

かくしてわれわれの有限的生は、「死」によってその根源たる絶対的生命に還えりゆくのである。

かくして最後に、今ひとつ問題となるのは、「ではわれわれの生は、死後いかようになるか」という問題であろうが、しかしこの点についても、宗教によってその説き方は色々とその趣を異にするようである。

しかしながら、いやしくも宗教と呼ばれる以上、われわれの「生」を、この地上的生の終末と共に、完全に無に帰すると説くものはないわけで、いずれもその本源大本への復帰を説くといってよく、そしてそのことは、われわれのこの地上的「生」が、ひとり自己の計らいによるものでないのみか、実は両親のはからいによるものでもないことを考える時、それは当然といってよいであろう。

ただ問題の岐《わか》れる点は、われわれの生命は、この肉体の死後といえども、その個別性を失わぬと見るか否かの別であって、この点については、ひとり宗派によって異るのみならず、厳密には同一宗派内においても、人によってその了解を異にするといってよく、その間にわかに優劣のいい難いものがあるであろう。

何となれば、理としては、一おう個別性は撥無《はつむ》せられるとしても、われわれ人間の心情的立場からは、かかる冷《つめた》き理知のみでは満されないもののあるが故である。かくしてこの最終の一点に関しては、われわれは軽々しくこれをあげつらうことをひかえるべきであろうが、ただ自己自身としては、自らにとって確たる地点を希求《ききゅう》すべきであろう。

第十二講　三つの根本欲

色と名と金と

人間の一生をつらぬく三種の根本欲

以上わたくしは、人間の一生を大観して、われわれが人間として辿らねばならぬ人生のそれぞれの時期の特色について、その概観をこころみたわけであって、それは人生の晩年から、さらには「死と永生」の問題にも及んだのであって、もはやこれ以上述べるべき何事も残されていないとも言えるであろう。

しかしながら、少しく観点を変えれば、これまで述べてきた処は、あくまで大観的な立場から、人間の一生を巨視的に考察したのであり、随ってそれはいわば人間の一生の骨骼《こっかく》にも比すべきものといってよいであろう。それ故わたくしは、以下多少肉づけ的な考察をもって、これを補いたいと考えるわけである。だがそうはいっても、一々の具体的な問題の細部にまで立ち入ることは不可能であり、随って肉づけ的な面の補説とはいっても、やはり大観的な立場にたつ外ないであろう。

ではそのような立場にたって、まず問題となる事柄は、如何なることかというに、それは、昔から人々によっていわれているように、結局は「色欲」「名声欲」及び「財欲」という三大欲になるかと思うのである。即ちこれらの三者は、そのわれわれ人間への根ざしの深さからして、結局人間の根本欲といってよいかと思うのである。

ところで以上三種の根本欲のうち、色欲は青年期においてもっとも旺盛《おうせい》であり、また名誉欲は、一おう人間の壮年期においてもっとも熾烈《しれつ》といってよく、そして老年期に入るや、しだいに財にたいする欲望即ち財欲が欲望の主位を占めるようになるといわれるのである。それ故われわれは、以上三つの根本欲をもって、われわれ人間の一生をつらぬいた考察をすることもできるわけである。即ちこれら三種の欲望によって、われわれは、われわれ人間の青・壮年期及び老年期に対して、いわば内容的側面からこれを把握し洞察することができるというわけである。

もっともこうはいっても、これら三種の根本欲は、相互にからみ合っているばかりか、そのいずれもが、われわれ人間の一生をつらぬいてまつわりついているのであって、どれか一つの時代で終熄《しゅうそく》するというわけのものではないのである。

たとえば「色欲」の如きも、けっして青年期だけに限られたものではないのであって、それは壮年期をつらぬいて毫も衰えないばかりか、さらに老年期に入っても、人はそれから完全に離脱しうるとは容易に言い難いであろう。そして同様のことはまた、名聞欲及び財欲についても言いうるわけであって、われわれ人間の名声に対する顧念《こねん》は、すでに青年期においても萌芽しており、さらにまた晩年に到っても、けっして消滅するとは言い難いのである。そして同様のことはまた財欲についても、言いうる事柄なのである。

だが、それにも拘らず、われわれ人間の色欲への渇望は、青年期においてもっとも熾烈を極めるといってよく、同様に名聞欲は壮年期に、そして金銭欲は、老年期においてもっとも根づよく働くといえるかと思うのである。即ちこれら三種の根本欲は、それがわれわれ人間の根本欲といわれるだけあって、そのいずれもが、人間の一生をつらぬいて、これを根切りにすることはできないが、しかし人生のそれぞれの時期において、これら三種の欲望のうち、いずれが主となって働くかは、違うわけである。

かくして人間は、すでに青年期においても、名声や金銭に対する欲望がないわけでは決してないが、しかしこれら三種の欲望のうち、青年期においてとくに顕著に窺われるのは、色欲即ち性欲だというわけである。同様にわれわれは、壮年期に入っても、色欲がなくならないばかりか、人によってはかえって壮年期に入ってから、そのために身を誤る場合も少なくないが、しかも大局的な観点から見れば、壮年期に入ってからの支配的な欲望としては、一般的にはやはり名声欲と言えるであろう。ここに「一般的には」というのは、例外的な場合の少なくないことをいうわけである。かくして人は年老いては、金が欲望の中心的地位を占めるといわれるのも、また同様の立場からいうわけである。

世代によって変わる欲望の強さ

さて、以上のような概観から一歩をすすめて、「では何ゆえ人間は、その青年期には、一般に色欲が熾烈だというのであろうか」。これは改めて言うまでもないことながら、人類の種族保存の原始本能に基づくが故であって、人は年ごろともなれば、何人も異性に心を引かれざるをえないが、それはその根底にいわば「宇宙的意志」ともいうべき創造者の意志が働くが故であろう。しかもその場合当事者たる双方は、いずれにも自己の背後に、そのような種族保存の本能が働いているとは気づかないのである。

だがそのように、それに気づかぬところにこそ、実は、この欲望の根ぶかさがあるといえるわけである。それゆえこの色欲が、われわれ人間をして誤らす恐れのあるのは、必らずしも青年期のみとは限らぬわけで、それは先にものべたように、比率の上ではむしろ壮年期のほうが、多いともいえるであろう。それというのも壮年期になれば、人間の多くはすでに結婚している上に、それぞれある程度の社会的な地位と金とが自由になるからである。

それにも拘らず壮年期において、主位を占める欲望としては、一般的には色欲というよりも、やはり名聞欲だといえるであろう。それというのも人間は、壮年期ともなれば、大ていの人間が、すでに結婚生活をしているゆえ、一おう性欲の悩みからは解放されているが故である。だが単にそれだけでは、何ゆえ壮年期における欲望の主座を占めるものが、色欲でなくて名声欲であるかということの解明にはならぬわけである。

では一歩をすすめて、何ゆえわれわれ人間において、その壮年期の欲望の首座を占めるものが、名声欲ないしは名聞欲なのであろうか。

それは一方からは、前にも述べたように、われわれ人間は、その青年期においてすでにその大部分は結婚しているゆえ、色欲の問題は一おう解決せられているといえるが、それだけにそれから生じる種々の家族的繋累《けいるい》の重荷を負わねばならぬことになるわけである。同時にそこからして、社会的にある地歩《ちほ》を獲得したいとの欲望が、しだいに強くなるのであって、かく考えれば、壮年期において、人間を衝き動かす欲望のうち、その主位を占めるものが名声欲であるということも、うなづけないわけではないのである。

かくして人間が、その壮年期において主位を占める支配的な欲望は、普通には色欲というよりも、むしろ名声欲だといってよいわけである。随ってこの名聞欲のために焦慮し焦燥《しょうりょ》する壮年期の男性の姿は、時に凄壮の趣を呈するともいえるわけである。

実さい、この点では、相当の人々も、名声にあこがれて、内心焦慮するを免れないのであって、このことはたとえば西田幾多郎博士が、その壮年期において、親しい友人宛に送った手紙の中には、友人たちの地位の転変に対する関心の、そこはかとなく窺われるものも少なくはなく、そこにはあれほど卓偉《たくい》の人でありながら、選科出身ということから受けた苛烈《かれつ》な運命の重荷のほどがしのばれて、一種の感慨をそそられるのである。

しかしながら人は、こうした壮年期を過ぎて、やがて老年期に近づくと共に、しだいに金銭への欲望が支配的となるのが、一般に見られる常態だといってよいであろう。否それは必ずしも一般ふつうの人々とのみいわず、かなりの人々においても、その関心がしだいに金銭に向う傾向を否定し難いようである。

たとえば某知名の言語学者が、世間的に権威ありとせられる書店の辞典に、名義上監修者を引き受けたのは、何ら問題ではないとしても、その実質的な編集者として、外国文学を専攻して国語国文学の専攻者ではないわが子をして、それに当らせたといわれることなど、その真偽のほどは不確かだとしても、とにかくそうした噂がなされるということ自身、人間は老年期に入ると共に、相当な人でも、財欲への関心の深まりゆくものだということを示す一事例として、まことに深省せしめられるものがあるといってよい（①）。

では何ゆえ人間は、老境に近づくに従って、かくも金銭への関心が根深くなるのであろうか。

それは一方からは、色欲及び名聞欲の「業」が果てたということの上に、さらに重要な一因としては、人は老境に近づくと共に、一般には収入の途がとざされるが故だといえるであろう。即ちそのために、人は老境に入ると共に、ある意味では生理的な「死」以上に、その心の奥底に「死」の不安を感ぜしめられるが故であろう。随ってそれは、たとえば多額な年金をうけ、あるいは一定の財産をもっている人の場合には、かなりに緩和せられるといってよいであろう。

① わたくしがこの言を為すのは、その知名の辞典の初版には、トチをドングリの事としてあるが、かような甚だしい誤謬を犯した事例は、明治以後のわが国の辞典史上にも、おそらくは絶無といってよいかと思われるからである。

欲に溺れないよう自省を怠らぬこと

以上わたくしは、きわめて粗略ではあったが、われわれ人間における欲望の推移という点から、人間の一生を概観してみたわけである。それは先きに「論語」の「志学章」を手掛かりとして考察した人間の一生の展開とくらべて、ある意味ではより切実な端的さがあるともいえるであろう。

即ち前者を表門から入る道筋とすれば、後者のほうは、裏門からの入口であり、さらに端的には、いわゆる勝手口から居間や納戸《なんど》をのぞくにも比せられるであろう。だが同時にまたそれ故に、このほうが、人間の生き方の省察としてはより端的性と切実性とをもつともいえるであろう。

即ち、われわれ人間は、その若き日において身を過らぬようにするには、何よりも先ず色欲につまずかぬことが大切であり、ついで壮年期において戒むべきは、名声欲であって、その過剰の故に、かえって逆効果となる場合の少なくないことを考えて、つねに自省を怠らぬ必要があるであろう。

いわんや年老いてからの財欲への異常な執着は、年老いてからの色欲と共に、まさに「老醜《ろうしゅう》」という語の意味する最大なるものといってよいであろう。なるほど、老年になって収入の途の途絶えた人々が、「生」への不安を覚えて、その心が金銭ないしは財に傾く心理については、そこには深く諒《りょう》とすべきものがないとは思わぬが、それにも拘らず、それが「老醜」となり易いことに関しては、何人も深く心すべきであろう。

第十三講　幸福と不幸

幸福は一個の統一を保っている状態

前講においてわたくしは、人間の一生を欲望という観点からその一瞥を試みたわけであるが、ここにはさらに人生を「幸と不幸」という観点に立って考察してみたいと思うのである。それというのも、われわれ人間が、人生において希求しているのは、結局これを幸福といってもよいからである。

かくいえば、人によっては或《あるい》は異論があるかとも思うが、しかしそれはわれわれ人間が、心中つねに厭みきらい、かつ恐れて避けようとしているものは何かといえば、結局幸福の反対の不幸だということによって明らかであろう。

それ故これは、何人にもほぼ異論のない処とは思うが、しかし一歩をすすめて、そもそも幸福とは一たい如何なることであり、また不幸とはどのような事象を意味するかということになると、なるほどそれを個々の事象についてなら、言うことも可能だとしても、それらに対して一般的な本質論として答えることは、必ずしも容易なこととは言い難いであろう。そしてそれには又、それだけの理由がないわけでもないと思うのである。

だが、この種の考察は、それがわれわれ人間の生活に対して、ふかい関係をもつにも拘らず、これまでのところ、意外なほどに乏しかったといえるであろう。だがこの問題は、それ故に放置が許される問題ではないであろう。何となれば、人間の幸と不幸という問題は、実際問題としては、われわれ人間の生活において、実に至重《しちょう》の意義を有する問題だからである。

ではさしあたって先ず幸福とは、そもそも如何なることを意味するであろうか。この点に関しては、すでに古来幾多の人々が論じているわけであるが、しかしわたくし自身のこの点に対する見解は、それら多くの人々のそれとは、いささか異なるかとも思うのである。

では幸福についてわたくし自身は、一体どのように考えているかというに、わたくしは幸福とは、さしあたっては、その人の生活自体が、一ケの統一を保っている状態をいうと考えているのである。随ってもしその人の生活の統一が乱れたり、さらには破れた場合は、それは幸福の反対の不幸と考えるわけである。

しかしながら、われわれ人間の幸福を、このように現実生活の統一状態と考えるといっただけでは、人々の中には納得ができない人も少なくないであろう。何となれば「統一」というコトバによって、人々はとかく静止的な状態を連想しやすいからである。そこで、そうした誤解を避けるためには、わたくしは、「生活の動的統一」といってもよいと考えるのである。否このほうが、幸福概念の如実に近いといってよいであろう。
だがこれでもまだ、不十分だというなら、そのような生活の動的統一が、一方からはその拡がりを増すと共に、他の一面では、それが深められてゆくことだといったらよいであろう。しかもわれわれ人間にとって、いわゆる「幸福感」が、ハッキリと感じられるのは、そのように統一が拡張せられたり、あるいは深められたりする瞬間ないしは当分の間が、とくに「幸福感」として味わわれるわけである。

そもそも幸福の概念ないし定義が、一般にあいまいであって、一致し難いのは、上にも述べたように、それが具体的な内容によるというよりも、その人の生活全体の統一が、保たれているか否か、という点に、その重点が置かれているが故であろう。

同時に幸福というものが、結局「幸福感」というような、一種の主観的なものの如くに考えられやすいのも、如上その人の生活が、深い動的統一にまでもたらされているか否かによるからであろう。即ち生活の動的統一は、これを把握するのは、結局各人の心による外ないところからして、幸福そのものも、つい主観的と考えられるわけであって、そこにはムリからぬものがあると言えるであろう。

たとえば、ある人が新しい境遇に入って、甚だしく不満を感じていたが、やがてそれは、何も自分だけのことではなくて、そこに住んでいる人々が、みな同格の条件のもとに働いていると分った場合には、これまで自分だけが不当に扱われたと考えて不満に感じていたのが、そうでなかったと分ってみれば、それによって心の平衡《へいこう》が得られたという場合、そこには生活の統一がもたらされたわけであって、そうした状態を以ってわたくしは、「幸福」と考えるわけである。

随ってふつうに「幸福」と呼ばれる状態には、主観的側面と客観的側面という二種の面があるわけであって、即ちこれまで欠けていた客観的な側面が補われた為に、生活の統一が為される場合と、自分の心の態度のいかんによって、これまでの不満が消失して、心の統一が得られる場合との二種があるわけであって、現実には、むしろ後者のほうが多くはないかと思うのである。

即ちわが心の態度の如何によって、これまでの不満感が消え失せて、改めてわが身を幸せと考えるようになる場合のほうが多いかと思うのである。それというのも、われわれ人間の欲望は無限であるゆえ、生活内容の増大による幸福感は、ほんのしばしの間であって、やがてはそれに馴れてしまうからである。

生活の統一が失われたことを不幸という

ではひるがえって、不幸とはそもそも如何なる事をいうのであろうか。

これは前の幸福との対比からいえば、その生活の統一が破れたり、失われたりした状態だといえるであろう。そしてそれはまた、その人の生活の統一のバランスが失われた場合といってもよいであろう。

だがこの場合注意を要する点は、不幸の場合には、その人の生活内容において、その一部に欠損の生じた場合が多いということであって、この点不幸は幸福とくらべて、多少その趣が異るともいえるようである。たとえばある人が、これまで健康だったのに、病気になったということは、生活上にもたらされた一種の客観的な欠損といってよいであろう。けだし病気とは、人間における心・身統一のバランスが崩れることをいうからである。

もっとも病気の場合には、それがたとえば風邪のように、数日間で元に復するような軽い程度のものだったら、人はそれを不幸とはいわないが、しかしそれが永引いて数年にも及んだり、あるいはその為に勤め先の昇進が遅れるばかりか休職とかさらには退職というように、生活の基盤を動揺させられるようになれば、それはたしかに重大な不幸といってよいであろう。あるいは又そうまでは行かぬとしても、家族のうちに幾人もの病人が生じたり、あるいはその中にいわゆる不治の病人を抱え込むような場合には、やはり人生における重大な不幸といってよいわけである。

そもそも一口に不幸といっても、そこには色々と種類があるわけであるが、しかしこれを今巨視的な立場から大観すれば、大よそ次の三種に分けることができるかと思うのである。

そのうち第一は、先にも述べたように、まず自分の「躾」についての不幸であって、それは前述のように、心・身の統一が破れて病気になり、とくにそれが永引くような場合を意味するわけである。

では次は何かというに、それはわれわれの家庭生活上における調和と統一とのバランスが破れた場合だといってよいであろう。もっともこれにはその性質上、色々の場合があるわけであって、たとえば先にもいうように、家族の一人が死亡したというような場合は、その最たるものといえるが、そうまでではなくても家族の一人が、長期にわたる病気にかかるとか、あるいは不治の難病にかかるというような場合も、たしかに大きな不幸といってよいであろう。

だがその外にも、たとえば家族の一人が非行化して、ふつうの学業に堪えなくなったというような場合も、やはり一種の不幸という感を免れないであろう。しかしながら家庭的な不幸としては、何といっても家族の一人が亡くなる場合であって、その場合の欠損は、富も名誉もその他この地上の如何なる物をもってしても、それを償いえない処に、この不幸のもつ特有な深刻さがあるといってよいであろう。だがこのように家族の一員の「死」という場合ではなくても、一家の中心たる夫婦間の折り合いがわるくて、ついに離別のやむなきに立ち到るというような場合も、これまた人生における最大の不幸の一つといってよいであろう。

以上わたくしは、人間の不幸について、（一）己が身体に関する不幸としての病及び、（二）家族に関する不幸について考えたが、そのほかにも、いわば第三の不幸として一たい如何なるものがあるであろうか。それはわたくしの考えでは、いわゆる「職業に関する不幸」ともいうべきものがあると思うのである。

というのも、人はその職業上変化を生じることは、多くの場合、一家の生計の上にも動揺を生じるわけであって、たとえば自分の経営している会社が破産して倒産したというがごときは、その最たるものといってよいであろうが、そうまでは行かずとも、職業上に生じる波瀾と動揺とは、それが人々の心に与える影響は、甚大だといってよいであろう。

何となれば、それはつねに人々の心の奥底に、生計に対する不安の念を生ぜしめるが故である。だが、かりにそうまでは行かぬとしても、人は勤め先の同僚間に、何か気まずい、摩擦でも生じたとしたら、しかもそれが、ふかく相互の性格に根ざすような場合には、やはり一種の不幸といってよいであろう。あるいはまたそうではなくても、否たとえそれが栄進の場合でさえ、職業上の転任が、進学前の子どもを持つ場合などには、一種の不幸といってよい場合さえないとはいえないのである。何となれば、それがわが子の人生コースの上に、重大変化を生じる場合がないとはいえないからである。

以上の管見によっても分るように、われわれ人間界における「不幸」の種類は多くて、一口に「不幸」と呼ばれているものの中にも、そこには幾多の種類があるわけで、その際限がないほどであるが、また大観の立場にたてば、それら人間の無量種の不幸も、結局は如上（一）個人の身体上に関するものと、（二）家庭を「場」として生起する不幸及び、（三）職業上の不幸との三種に大別して考えることができるであろう。しかもこの種の不幸の分類は、人によっては当然自明の無用のことと考えるかとも思うが、しかし私の考えでは、この程度の分別でも、あるはなきに勝《まさ》ること万々《ばんばん》ではないかと思うのである。

第十四講　逆境に処する態度

この世は苦悩の故郷なのだろうか

前二講にわたってわたくしは、われわれ人間の生活は、これを大観する時、大別して二種に分かつことができると思うのである。即ち幸福と不幸という二大別であって、これは人間として免れえない処といってよいであろう。

即ち世間の人々の眼からは、いかにも幸福そうに思われている人々でも、仔細《しさい》にその内面に立ち入って考えてみれば、何ら不幸の影の差さない人は、先ずは絶無といってもよいほどであろう。さればわれわれ人間の一生は、つねに幸福と不幸との交互交錯する一線上を歩むべき運命を免れぬともいえるであろう。随ってそれはまた、つねに光と闇、順境と逆境とが、交互に交替し、さらには相交錯する場合も少なくないわけである。

　だがわれわれ人間の一生が、このように幸福と不幸、光と闇との無限の交錯交替といわれるのは、根本的にはわれわれ人間が、身・心の相即的存在としての一ケの有限存在たるところから来るものと、わたくしには考えられるのである。けだしわたくしからいえば、身・心相即的存在ということ自体が、それを示しているといってもよいわけである。

　即ち躰と心という二つの異質的な要素が、調和的にバランスのとれている状態は、「快」であって、それは極微的には幸福といってよいであろう。しかるにこのような身・心の相即的調和が破れれば、即ち躰と心との分裂態が生じるわけであって、人は己の矛盾に苦しまざるをえないのである。そしてかような身・心の分裂状態は、いうまでもなく統一態の分裂であり、随ってそこには苦痛と苦悩とを覚えるわけである。同時にかような状態自身をわれわれには不幸と名づけるわけであって、かの仏教で「地獄」と呼ばれるものの如きは、かかる身・心の分裂態に対して為された象徴的な一投影といってもよいであろう。

しかしながら、以上はまだ、われわれの幸・不幸の因を、単に個体としてわれわれ自身にその淵源《えんげん》を求めたのであるが、しかしわれわれ人間の生涯に、光と闇、幸と不幸の両面が、いわば交互に交替して生起するかに思われるのは、そもそも何故かというに、それはこの現実の人間社会は、かかる身・心の相即的存在たる無量種の個体から成立している組織体である故、一々の個体であるわれわれ自身は、ひとり自己における生命のリズムの起伏弛張《しちょう》等の消長《しょうちょう》を免れえないのみか、自己と関連し、さらには自己を囲繞する人々のそれとの関連を免れない以上、われわれ個体としての人間存在が、そうした複雑なる生命の無量の波動の中に起伏し点滅しつつ生きてゆく姿は、まさに「浮世曼陀羅《まんだら》」というに応《ふさ》わしいともいえるわけである。

されば、この世を苦悩の旧里《きゅうり》として、苦患《くげん》の止むときなきものと観ずるのは、いやしくもわれわれのこの地上的生活を大観するとき、何人も否定すべからざることといってよいであろう。ただわれわれ人間は、事実がそうであるにも拘らず、多くはその中に埋没して了《しま》って、これを大観することができないわけである。ところが、そうした浮世の波浪《はろう》の中に埋没してしまえば、たとえ幸福なりとても永くは続かず、やがて不幸の中に捲《ま》き込まれて、それより跳出《ちょうしゅつ》することを容易としないわけである。

幸福は最初は不幸の形をして現われる

かくしてわれわれ人間にとって大事なことは、かような不幸や逆境に捲き込まれたり、いわんやその中に埋没しないことだといえるであろう。ところがそのためには、われわれはつねに幸と不幸、順境と逆境の理を、よくわが身に体することが大事であるが、そのためには、われわれはつねに己を客観化して、自己はこの現実界を構成している極微の一員に過ぎないことを忘れぬことだとも言えるであろう。

則ちわれわれ人間のこの地上的生は、無量の有限者によって構成せられている複雑極《きわま》りない超巨大なる集団であるが、しかもその基礎的単位たる人間自身は、一ケの有限存在としての身・心相即的存在に他ならぬわけである。

随って実はわれわれ一個人さえも、その身・心の相即的バランスは、つねに破綻への可能を内包しているわけである。されば単にこの点からだけ考えても、われわれの一生は動揺と転変を免れえないわけである。

いわんやわれわれが、その一員となっているこの現実界は、かような有限存在によって構成せられている無限大の集団であって、つねにその動揺転変を免れないのである。随ってそれは換言すれば、順境と逆境との無限に錯綜《さくそう》する無量の交錯態といってもよいわけである。それ故われわれとしては、いわゆる不幸とか逆境とか呼ばれるような状態を全然避けて通るということは、元来不可能なわけである。

随ってそうした避けることのできない不幸を、ムリに避けようとして、もがけばもがくほど、実はかえってその悩みが深刻となるのを常とするわけである。何となればそれは到底免れえないものを、しかもしいて、避けようとするが故であって、世上不幸に悩み苦しむ人の多くは、概してかくる種類の人々といってよいであろう。同時にそこからしてわれわれは、人生の逆境に対処する態度を導き出すことができるわけである。

では、逆境に対処するには、われわれは一たい如何なる心がけが必要であろうか。

それに対してわたくしに忘れられないのは、「隠岐《おき》の聖者」永海佐一郎《ながみさいちろう》博士のいわれる「幸福は最初は不幸の形をして現われるのがつねである」というコトバであって、わたくしは、これほど端的に、しかも深い真理を語られた人は少ないではないかと思うのである。そしてそれは、博士ご自身が、その数奇な生涯を通して、幾たびとなくこの真理を身証、体認せられたが故だと思うのである。

ところで如上博士のコトバの意味するところを、普通の一般的な叙述にすれば、ほぼ次のようになるであろう。即ちわれわれ人間が、不幸に対処する態度としては、不幸を回避しようとしないで、あくまでそれに耐え抜くことによって、やがてそこには、全く思いも設けなかったような大きな幸福が与えられるということであって、このことの示す真理性については、わたくし自身もその永い生涯の上に、これを身証体認してきたといってよいのである。

即ちわたくし自身の生涯をかえりみても、この永海博士の語られるコトバのもつ真理性は、一度として例外のないまでに、その深い真理性は実証せられているのであって、ここにわれわれは、われわれ人間がこの世において出逢うもろもろの不幸や逆境に対処する態度を教えられるわけである。

神はよりよいものを与えるために取り上げる

そこで一歩をすすめて、では何故そのようなことが、真理として成立するというのであろうか。

換言すればわれわれ人間にとって、幸福は、何ゆえ最初から幸福としてわれわれを訪れないで、最初はまず不幸という形をとって訪れるのであろうか。

世上「幸福論」と名づけられている書物は、実におびただしい数に上っているが、しかも寡聞のわたくしは、今日までまだこの点に関して、深く解明せられたものに出逢わないのである。

ところで、実はわたくし自身も、この点に関しては、一種の真理を把握しているのであって、それはわれわれが自分で立てていた計画なり願望なりがダメになった際には、神は必ずやより良いものを与え給うというのである。しかもその際われわれは、自分の計画や願望は、これを天秤《てんびん》の前のかごに入れている故、それが取り上げられることは、すぐ分るが、それに対して、神の与えるより良い物は、天秤のうしろのかごに入れてあるゆえ、われわれには気づきにくいわけである。即ちあらかじめこの理を知っていない以上、人々は自分の計画を取り上げられたことのみを歎き悲しんで、振り返って天秤のうしろのかごを見ようとはしないために、あたら神の慈愛もムダになることについては、すでに他の書物において幾たびも述べたわけである。

だがそれが何故であるかという点については、これを解き明かしたものは、現在までのところ見聞したこともなければ、またわたくし自身としても、この点に関して述べたこともないわけである。だが今やわたくしも、この点に関して、多少の解明を試みねばならぬ段階に立ち到ったといわねばなるまい。

では、先の永海博士のコトバにしても、あるいは上に述べたわたくしの比喩にしても、何故それが深い人生の真理ということになるのであろうか。

今かりに永海博士のコトバについて考えてみるに、真の幸福は、最初は不幸の形をとって現われるが、もしわれわれが、そうした自己に課せられた不幸を耐えしのぶとしたら、それによってわれわれは、しだいに自己の「我《が》見《けん》」から脱却を可能とするであろう。さてこの場合わたくしが「我見」と呼ぶものは、他でもなくわれわれが、自己を取り巻いているこのもろもろの事物を、「自己を中心とする」観点から眺めることのいいに外ならないのである。

　もっともかく言えば、人によっては、われわれが自我をもった存在である以上、「自分を中心としないで、物事を見ることは不可能ではないか」という人もないではあるまい。たしかに根本的にはそうも言えるであろう。

　わたくしとても、根本的にはそうしたコトバを否定する資格はないわけである。だが同時にまたわれわれは、ある程度までは相手の立場にたって考えたり、または第三者の立場にたって、物事を考えてみることもできないわけではないのである。同時にそうすることによってわれわれは、それまでは自分のいうことが絶対に正しいと考えている事柄についても、相手の言い方にもある程度ムリからぬ点のあることが分り、さらにまたそれを強行した場合、第三者の立場にある人々の眼に、どのように映るかということなども考えるようになるわけである。

かくして古来人々が「我見を離れる」といったのは、要するに上来《じょうらい》述べてきたように、自己中心的な立場から、物事を考えることからの脱却を意味するといってよいであろう。ところで、われわれの見方が、自己中心的、即ちまた自己本位の立場だったとしたら、そのような立場で行った行為が、正しい実を結ぶことのありえぬことは、むしろ当然といってよいであろう。

そこで永海博士が、幸福はすべて最初は不幸の形でやってくるといわれるのは、われわれがそれに対して堪え忍ぶことによって、しだいにわれわれ自身の「我見」即ち自己中心的な考え方を脱却せしめられる故、やがてそこに開かれる世界は、相手の人の立場もしだいに分るようになり、随ってこれまでのような自己本位の考えを撤回して、十分に相手の立場を考慮した考え方となる故、それ以後はすべての物事が順調に搬《はこ》ぶようになるわけであって、これ永海博士が「幸福はすべて最初は不幸の形をとって現われる」といわれるゆえんであろう。

同時にまた、わたくしが上に述べた比喩についても、ほぼ同様のことがいえるかと思うのである。即ちわれわれ人間は、自分のはからいによる計画を、つねに天秤の前のかごに入れている故よく分るが、しかしそれはまだ自己中心的な自分本位の立場で立てた計画ゆえ、そこには自分勝手な考えが介入している場合が多く、随ってそれは多くの場合失敗に帰するわけである。

しかるにそれが失敗に帰し、ないしはいまだ着手もしないうちに、神から取り上げられる場合も少なくないのは、そこには多分に恣意的な自分勝手な願望が混入しているゆえであって、それが失敗したり、ないしは着手する以前に消滅するのは、むしろ当然といってよいわけである。しかるに人々は、この点に想い到らないで、多くは歎き悲しみ、人によっては自暴自棄に陥る場合さえ少なくないのである。

しかるに自分の計画がダメになった場合には、神はよりよいものを与え給うために、それを取り上げられるのであるが、しかし神の与え給うものは、天秤のうしろのかごに入っている故、われわれは、それを探し求めねばならぬわけである。かくして天秤の前のかごに入っているというのは、それがまだ自己中心的な、身勝手な思わくゆえ消えていったり、また着手した場合にも、失敗することが少なくないわけである。しかるにこれに反してうしろのかごに入れられている神の計画は、もはや自己中心的なものではないので、次に出逢う計画は、必ずや成功するに相違ないわけである。

不幸をしのぶことで我見が払われる

かくしてわれわれ人間は、何らかの意味で逆境の試練に遭《あ》うのでなければ、自己中心的に物事を考える態度からの脱却は困難であって、これ古来「人は苦労しなければ人間にはなれぬ」といわれるゆえんである。

即ち「苦労」という人生の試練によって、われわれ人間は自分本位の我《わが》まな考え方なり願望なりが、叩きつぶされるのである。同時にそれによってわれわれは、自分の考えが自分勝手だったと気づけば、そうした失敗と痛苦を代償として、自己の我見がそれだけ弱められるわけである。

かの永海博士が「幸福は最初は不幸の形でやってくる」といわれるのは、われわれ人間は、自分にふりかかる不幸を堪え忍ぶことによって、我見がとれるので、次に出逢う事柄に対しては、正しくこれに対処することができ、随ってそこには幸福が招来《しょうらい》せられるというわけであろう。

同様にまたわたくしが、われわれ人間は、自分の計画がダメになった場合、必ずより良いものを神が与え給う為であるといい、しかもその場合自分の立てた計画や願望は、天秤の前のかごに入っている故、取り上げられたことがすぐに分るが、その代償として神の与えたもうものは、天秤のうしろのかごに入っているゆえ、ちょっと気づきにくいというのは、自己本位というか、自己中心的な物の見方の根本的な転換をいうわけであって、ひとたびこのような「生」の根本転換が行われれば、自後その人は、わが身にふりかかる数々の不幸をも、根本的なる心の動顛《どうてん》なくして、次つぎと凌《しの》いでゆくことができるであろう。

第十五講　人生に於ける一日の意義

一日一日を真に充実して生きる

以上この書は「人間の一生」と名づけはするも、いわばわたくし自身の人生観の概要を、啓発的な立場にたって述べてみたものだといってよい。しかもその中心を為す骨骼ともいうべきものは、書名自身も語っているように、「人間の一生」という点に置いたわけであり、随ってこの書のいずれの一講といえども、かような立場から述べられたものといってよいであろう。即ち、この書のうち、どの一講をとってみても、それはその背後にわれわれ人間の一生というものが予想せられているわけである。

しかしながら、ひるがえって考えるに、われわれ人間は、ふつうには、現在の自分というものを、このように自己の一生を背景にして、それに照して現在の自分を考えるという場合は、人にもよるが比較的少ないといってよいであろう。同時にそれ故にこそわたくしは、ここにこのような立場にたつ一種の人生論を書く気にもなったわけである。

　しかしながら、このように現在の自分を、つねに自己の一生に照らして考えつつ生きる人は、前述のように比較的少ないとはいえようが、しかし決して無いわけではないであろう。否、生涯をかけて、いっかどの仕事を為しとげたような人で、そうした立場にたって、つねに現在の自分を、自己の一生に照らしつつ考えなかった人のほうが、むしろ少ないといってよいであろう。同時にそれはまた、当然のことと思われるのである。

　しかしながら、わたくしの考えでは、それだけではまだ足りないと思うのである。では何が足りないかというに、それだけでは、人生に対する態度において、まだ最後の止《とど》めが刺さっていないかに思われるのである。ではここで、わたくしが、最後の止めが刺さっていないというのは、如何なることをいうかというに、それはわたくしの考えでは、われわれが日々それほどにも考えずに過しているこの一日一日の意義を、この最後の点まで突き止める処まで到っていないことをいうわけである。それというのもわたくしの考えでは、人間の一生を最終的に象徴しているものは、結局われわれが日々過しつつあるこの一日一日の外ないと思うのである。

では何故わたくしはこのように、一日の意義をもって、人生における最終的止どめを刺すものと考えるかというに、そこには大別して二種の根拠があるようである。即ちその一つは、われわれの過しているこの一日々々は、実はわれわれの一生を形成している最終的に確実な単位といってよいからである。即ち如何に卓れた業績を挙げた人々にしても、現実的には生涯における最終的単位としての一日一日を、真に充実して生きた人々であって、そのように充実して生きた一日々々を無視しては、人は如何なる業績も不可能といってよいであろう。

一日は一生の縮図である

しかしながらわたくしが、この一日々々の意義を重視する今ひとつの理由は、それが、われわれの一生を、もっとも端的に「象徴」していると考えられるからである。ではどうしてそういうことが言えるかというに、われわれ人間の全生涯の中においても、この一日という単位ほどに、その始終がハッキリして、その完結性の示されている時の区切りは外にないからである。

なるほど、われわれも、時の単位としては、他に一週間とかひと月とか、ないしはまた一年というように色々な単位を持たないわけではない。しかしながら、一週間はもちろん一ケ月にしても、否さらには一年にしても、その始終は一日ほどに明白な完結性をもつとは言いえないのである。

何となれば、一週間はもとより一ケ月にしても、そこでは始めといい終りといってみても、それは単に数の系列上でいう単なる約束事に過ぎないのである。その点、まだ一年の場合には、冬から春へ、春から夏へ、そして秋をへて再び冬へと還って来るように、いわゆる天運の循環が観ぜられるわけであって、そこにはある程度、始終の感が伴うわけであり、随ってそこにある種の完結がないわけではない。

だが一日となると、朝の目覚めに始まって、夜に入って眠りにつくということは、何人にとっても、全く例外がないばかりか、夜寝てから朝起きるまでの八時間前後の間というものは、いわゆる睡眠によって、われわれの意識は一おう断絶せられるといってよいのであり、かくして一日という「時」の単位ほど、われわれ人間にとって完結感を与えるものは、生・死を外にしてはありえないといえるであろう。

だが、それにしてもわたくしは、何故かくも一日のもつ完結性を力説するかというに、それは「一日は一生の縮図」といわれるように、一日の単位ほど、われわれ人間の一生を象徴しうるものは他にないからである。

では一歩をすすめて、何ゆえわたくしはここで、「一日は一生の縮図」ということを、かくも力説するかというに、われわれ自身はかりに「一生」といってみても、「死」の直前まで生きてみないことには、人生の終末は分らぬわけである。同様のことは、又われわれの出生についても言いうるわけである。否、死のほうは、かりに呼吸を引きとる数時間前まで意識のある場合も少なくないが、出生のほうは、真の自意識を生じるには、生後かなり長い歳月を要することは、人々の周知するところである。

だがこれら生についても死についても、ある程度それを知ることができるのは、自己以外の色々な人々について、われわれ人間というものは、まず青年期にはじまり、やがて壮年期になり、ついでしだいに老年期に入って、ついには「死」によって、この地上の「生」を果てることを、他の人々の一生を手掛かりとして、ほゞ窺い知ることができるわけである。

だがしかし、自分自身の一生については、あくまで自分がこの一生を生き抜いてみなければ、その全容は分らぬわけである。だがそうした意味において、自分の一生が分るというのは、自分自身が老境に入り、さらには「死」の直前に到ってからといわねばなるまい。だがそれでは遅きに過ぎるのである。

かくしてわれわれは、現在まだ人生の途上にありながら、なおかつ自己の一生がどうなるかという点について、ある程度予測しうるものがあるとしたら、それは結局われわれが「人生の縮図」としてのこの一日々々の生活を、如何に充実して生きるかということの上に、ある程度窺いうるといえるであろう。

そしてそれは、先にも述べたようにわれわれの一日一日は、実はそのままわれわれの一生の真の現実的な単位であると共に、さらにそこには、ある意味ではわれわれの一生が、縮図的に象徴せられているといってよいからである。

日常生活における人生の基礎的訓練

ではさらに一歩を進めて、わたくしがここに「一日は一生の縮図である」というのは、そもそも如何なる意味においてであろうか。今それを端的にいうとすれば、われわれは、自分の一日の過し方を考えてみれば自分の一生が大たい如何なるものになるかは、ほぼ予断《よだん》しうるといってよいという意味である。

その点について、今少しく具体的にいうとしたら、われわれの過している この一日々々が、ほぼ自己の予定通りに過されるとしたら、われわれの一生も、またおそらくは、そのようにかなりな程度まで充実した人生になるといえるであろう。

だがそれに反して、もしわれわれの日々の生活が、その計画通りに完了しないで、翌日に、さらには翌々日に――というように、順に先へ先へと、順ぐりに延ばされているとしたら、その結果はいかがであろうか。なるほどさしあたっての現在の生活においては、今日為すべくして為しえなかった仕事を、明日に延ばしても、何とか間に合ってゆくという場合もないわけではあるまい。同時にまたそれ故にこそ、人々の多くは、この点に関して、さまで深く意としないのであろう。

だが、今日の仕事の若干を、明日に延ばした場合の「明日」と、今日為すべき仕事の一切を仕上げてしまった場合の「明日」とでは、同じ明日であっても、その内容はかなり大きく違うといってよいであろう。

かくしてわれわれの日々の生が、その日その日に全的充実の積み重ねである場合と、そうでない場合とでは、その人の一生の人生内容の総決算は、実に天地のひらきを生じるともいえるわけである。

かくしてわれわれは、日々のわが生活について、それを自分の一生の象徴として、そこに自らの人生の予兆を見る思いで、その全的充実を期せねばならぬであろう。即ち端的には、その日の予定の遂行に、全力を挙げて取り組むことである。

ところでその点について思われるのは、かりにその日の仕事の予定は、ほぼこれを完了する人でも、その日出そうと考えていた書信《しょしん》並びにその日の書信の返事について、これを完済することは、けだし容易の業ではないであろう。人によっては、こうした書信のことなど、さまでその意義を重視せぬ人もあるかと思うが、しかし書信というものは、われわれにおける人間関係の紐帯《ちゅうたい》として、その意義は、人々の予想以上に重大であって、おそらくはこの現実界裡において、最至重の一つといってもよいであろう。

かくしてわたくしは、われわれ人間としては、その日常生活において、（一）二六時中《にろくじちゅう》腰骨《こしぼね》を立てつらぬくこと、（二）その日の書信は、できるだけその日のうちに片づけること、（三）そして如上その日に為すべき仕事の義務を修了しえたら、一種の慰楽《いらく》をかねて読書するという三ケ条をもって、われわれ人間の基礎的修練と考えるゆえんである。

かくいえば人々は、そのあまりの平凡さを嘲笑《あざわら》うかとも思うが、しかしながら自らの人生を、最下の現実的基盤に立って、一つ一つ煉瓦《れんが》でも積むように生きる人々の人生の基礎的修練としては、まずこの辺から始めるべきではないかと考えるわけである。

「人生二度なし」を心に刻み、人生の意義を全うする

今や「人間の一生」と題するこの書を了えるにあたり、ふり返って考えるに、そもそもわれわれがこの地上に人間としての「生」を享けえたことが、いかに無上の幸慶《こうけい》であるかということについて、改めて感慨を催《もよお》さざるをえないのである。

われわれのこの地上的存在の形態が、砂礫《されき》等の無生物でなくして、一ケの

生命体であり、しかも生命体のうちでも、自らその場処を動かしえないかの植物の類でなくして、移行自在の動物の中の一類であり――こうは言ってもわたくしは、かの亭々《ていてい》として天空にそそり立つ大樹の根もとに立つとき、一種森厳《しんげん》の気に打たれて、自らの弱小さを痛感せしめられることしばしばであるが――そのような大樹の「生」とも交感して、これを内に感受し受容しうる人としての生命を享け得たことに対して、無限の感懐を覚えずにはいられないのである。

われわれの先人たちは、己が「生」が、動植物のそれでなくして、これを人としてのそれを恵まれたことに対して、これを無限の幸慶としたが、今日如何ほどの人々が、かかる感慨のうちに、日々を生きつつあるといえるであろうか。今日人々の多くは、わたくしのこのような感慨をもって、素朴幼稚、とるに足りない迂愚《うぐ》の見として、嘲笑《ちょうしょう》するかと思われるが、しかもこれ果して真に自らの「生」に対して忠実なるゆえんであろうか。

かくしてわれわれが、自らの「生」を真に充実して生き、その天賦の使命を発揮し実現して、もってこの二度とない人生の意義を全うしようとする時、われわれは何よりもまずその根本において、如上人身《じんしん》享け難きの理を深思し慎省しつつ、何らの幸慶か、今日ここにこの人身を享けえていることに対して、無限の謝念を覚えるところから、われらの真の人生は再出発するといえるのではあるまいか。

しかもわれわれのこの地上の「生」は、長くともわずかに百歳の寿を出でず、しかも人々の多くは「生」の意義を自覚するのに、ほぼ人生の半ばに近い歳月を、空《むな》しく彷徨のうちに過すといってよいであろう。かく考えてくる時、われわれ人間の一生は、まことに短しとも短く、まさに一瞬裡に過ぎ去るともいえるであろう。

されば われわれは、機縁《きえん》ひとたび熟して、自らの「生」の深義に目覚めたならば、それ以後の「生」は、文字通り「死」の直前に至るまで、ただひとすじに邁進《まいしん》すべきであって、そこにはいささかの遅滞《ちたい》も許されるべきではないはずである。

だが生身の身の、かかるさ中にもまた、懈怠《けたい》の念の兆すことなきを保《ほ》し難いのが、われわれ人間の分際であり、その現実といわねばならぬであろう。されば そのような時、われらにとって、まさに至上の箴言《しんげん》であり警策《けいさく》というべきものは、おそらくはついに左の一語の他にないであろう。

人生二度なし‼

あとがき

国民教育の師父

国民教育の師父・森信三先生は一生をかけて、私達名もなき庶民の行く末を、おもんばかり、そして祖国のなりゆきを、大きくは人類の行く末を考慮して〝いかに生きていくか〟を学問されました。

その人生は、世間的な栄達等は思慮のほかで、御自身は歳能があるのに評価されなくて、家庭的にも、これまた人一倍の過酷な運命に見舞われた一生でした。

西洋の科学文明の粋、哲学を極められましたが、あと一歩納得できないものがあり、ある時、二宮尊徳翁の言葉に出会い豁然《かつぜん》と混迷なる世界が氷解、開けてまいりました。

そしてやがて、その中から、今までにはない、全一学という新しい境地の学問が生み出されました。

私達は西洋民族の創り出した、科学文明によって未曾有に発展発達して、恩恵を受けて便利な生活を謳歌しています。

ですが〝物盛んなれば心貧しくなる〟の格言の如く、心情がついていかないのか至る所で争い、うばいあい不都合な事件が起こり混乱弊害を見るようになり、世界的にコントロールの困難な局面に遭遇していると思えます。

人類はこれまで現代のような物中心の発展を数度経験して、限りある物質中心の人類の前史から、心中心《こころ》の後史へ乗り移る事に失敗して、改めて石器時代から始めた形跡があります。

独学のお方、村山節先生は、一生をかけて人類の歴史を俯瞰されて、法則史学を確立されて、西洋と東洋の歴史が八百年周期で交代、昼夜が入れ替わっている事を見事に発見証明されました。

そして今は、科学文明中心の西洋が夜に入り、東洋の夜明けを語られていました。

森信三先生は東洋の思想を深く体得して、しかも西洋の文明をいち早く身につけて発展した日本民族の、歴史的使命、役割は、東西の文明の交代を卒業して、結びつき融合に尽す事だと言われています。

現代の混乱混迷は、今までのような局部一国ではなくて、全世界的な様相になっていて既存の工程、物差しでは解決困難不可能の如くに見えてまいりました。

森信三先生は、遙か以前にその兆しを察知されていて、ひそかに次の文明の物差しとして、全一学の体系を残して下さっています。

私達は、今回、あるいは初めて人類の後史へ乗り移る事が出来るのかもわかりません。

ちなみに、科学の物差しは同じ物を集めて反論しようもない法則を見つけて築き上げる。プラスはどこまでもプラス、マイナスはどこまでいってもマイナスであるという不変の物を集めて法則にする所から始まります。

一方、全一学は同じものは一つも無い、絶えず変化している。陽が極まれば陰となり陰極まれば陽となるという、変化の立場から始まり、両者は対極していて、まるで相いれない相克の立場を持っているようです。

私は山の中の過疎の村、小作農、身体弱く小学一年生の時、肺炎を三度繰り返して仮死、そして、よみがえって到底大人に成れないと言われて、生きながらえる事だけで、精一杯のどん底人生をかろうじて歩いていました。

財産、才能、学問もない身の上で、昭和四十六年、愛媛松山の夏期研修会で、森信三先生と邂逅して「複写ハガキ」を書く事を教えられました。

漢字も書けない無学の身の上の私を、読む事書く事を通して育てていただきました。

いわば「複写ハガキ」は、自主独立の私の人生の生き方の大学だったと言えます。

森信三先生は御自身、生きている間には社会的に認められるとは思ってはいられなく、その願望もなく、人生を卒業されて、甦られた稀有の御方で、絶えず縁あるお方、全ての幸せと安泰を、大きくは全人類の安寧を静かに願っていて下さいました。

今も並々ならぬその温情に涙がにじみます。

私達はアジア大陸の東端の小さな島国でありながら、今次の敗戦、焼け野原から何一つ売る資源のない所から、勤勉と工夫と、早起きで、雄々しく不死鳥の如く立ち上がった、不思議な伝統的な財産経験があります。

私は人類の行く末を示唆、示す、全一学を生み出したこの日本民族の一員であることを誇りに思い感謝して希望を持ち毎日の励みにしています。

そして、私を直接育てて下さった森信三先生、また数多くの縁あるお方、社会に限りなく感謝して、この著書の教えの如く、社会に役立ち御恩返しをさせて頂きたいと願っています。

平成二十七年師走

御恩に感謝して

坂田道信

〈著者略歴〉

森信三

明治29年9月23日、愛知県知多郡武豊町に端山家の三男として生誕。両親不縁にして、3歳の時、半田市岩滑町の森家に養子として入籍。半田小学校高等科を経て名古屋第一師範に入学。その後、小学校教師を経て、広島高等師範に入学。在学中、生涯の師・西晋一郎氏に出会う。後に京都大学哲学科に進学し、西田幾多郎先生の教えに学ぶ。大学院を経て、天王寺師範の専任教諭になり、師範本科生の修身科を担当。後に旧満州の建国大学教授として赴任。50歳で敗戦。九死に一生を得て翌年帰国。幾多の辛酸を経て、58歳で神戸大学教育学部教授に就任し、65歳まで務めた。70歳にしてかねて念願の『全集』25巻の出版刊行に着手。同時に神戸海星女子学院大学教授に迎えられる。77歳長男の急逝を機に、独居自炊の生活に入る。80歳にして『全一学』5部作の執筆に没頭。86歳の時脳血栓のため入院し、以後療養を続ける。89歳にして『続全集』8巻の完結。平成4年11月21日、97歳で逝去。「国民教育の師父」と謳われ、現在も多くの人々に感化を与え続けている（年齢は数え年）。代表的著書に『修身教授録』（致知出版社刊）がある。

若き友への人生論

平成二十七年十二月二十五日第一刷発行

著者　森 信三

発行者　藤尾秀昭

発行所　致知出版社

〒150-0001東京都渋谷区神宮前四の二十四の九

TEL（〇三）三七九六―二一一一

印刷　㈱ディグ　製本　難波製本

落丁・乱丁はお取替え致します。　（検印廃止）

ISBN978-4-8009-1097-4 C0095

ホームページ　http://www.chichi.co.jp

Eメール　books@chichi.co.jp